SUN
TUE
WED
+1 2011 TUE
00 BLAC
01
1972
2000
2028
2056
2084
2005
2011
2016
2022
2033

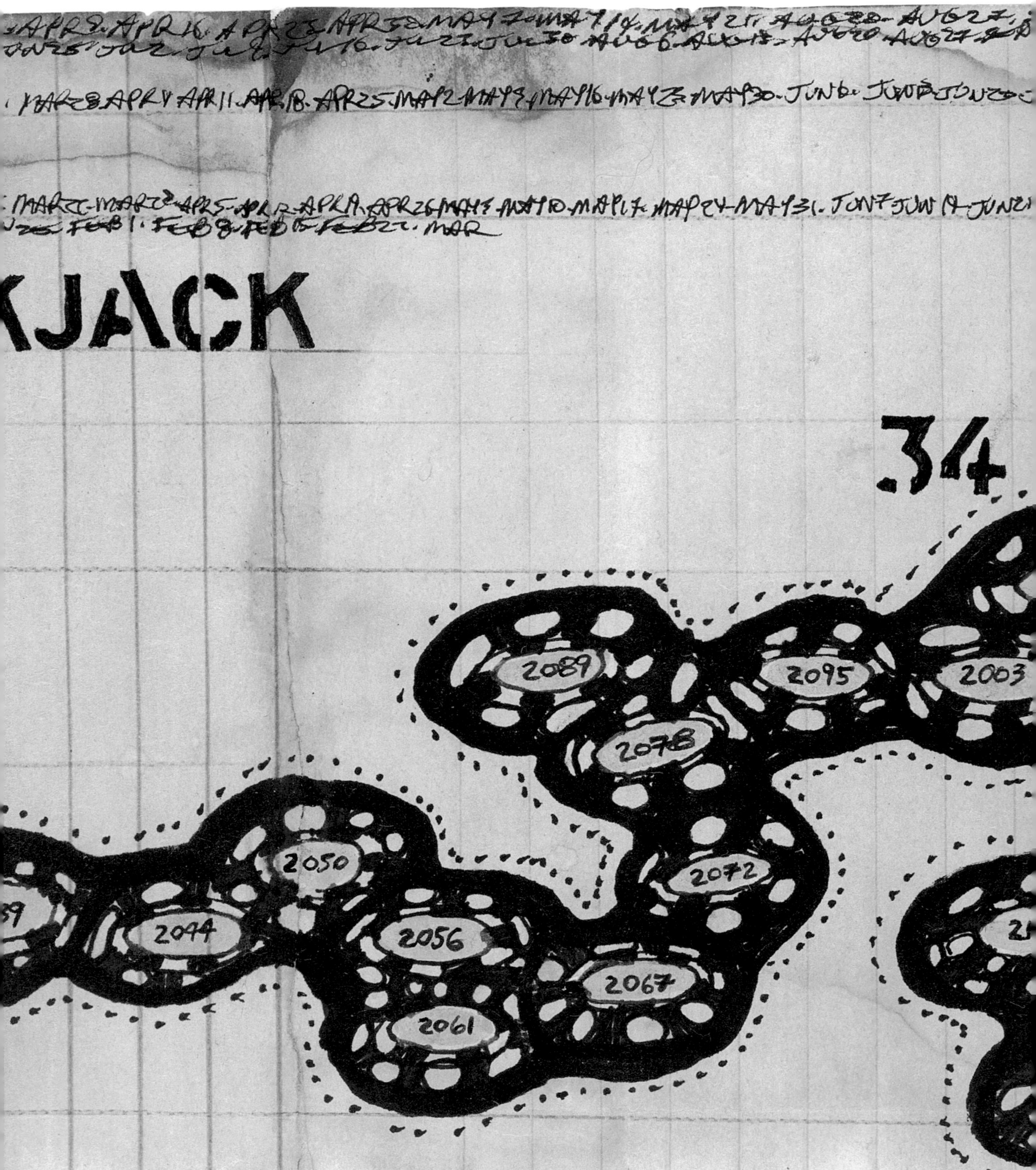

KJACK
.34
2089
2095
2003
2078
2050
2072
2044
2056
2067
2061

secret universe

Udo Kittelmann · Claudia Dichter (Hrsg./Eds.)

GEORGE WIDENER

Nationalgalerie im Hamburger Bahnhof – Museum für Gegenwart – Berlin
Staatliche Museen zu Berlin

Verlag der Buchhandlung Walther König

Inhalt / Contents

Impressum / Colophon

Diese Publikation begleitet die Ausstellung / This catalog accompanies the exhibition *secret universe. George Widener* im Hamburger Bahnhof – Museum für Gegenwart – Berlin, 25.01.–16.06.2013

Nationalgalerie
Staatliche Museen zu Berlin

About Change, *Stiftung*

AUSSTELLUNG / EXHIBITION
Kuratoren / Curators: Udo Kittelmann, Claudia Dichter
Assistenz / Assistance: Marie Himmerich
Restauratorische Betreuung / Restoration and Conservation: Johannes Noack
Registrarin / Registrar: Johanna Lemke
Technische Betreuung / Technical Team: Axel Albinsky, Wolfgang Focke, Carsten Löper
Ausstellungsaufbau / Exhibition Installation: Abrell & van den Berg

PUBLIKATION / PUBLICATION

Herausgeber / Editors: Udo Kittelmann, Claudia Dichter
Lektorat / Copyediting: Uta Hoffmann, (englisch / deutsch / English / German)
Übersetzung / Translation: Uta Hoffmann, (englisch / deutsch; deutsch / englisch / English / German; German / English)
Gestaltung / Graphic Design: Andreas Tetzlaff (probsteibooks), Köln / Cologne
Gesamtherstellung / Production: DZA Druckerei zu Altenburg GmbH, Altenburg

Erschienen im / Published by
Verlag der Buchhandlung Walther König, Köln
Ehrenstr. 4, 50672 Köln
Tel. +49 (0) 221 / 20 59 6-53
Fax +49 (0) 221 / 20 59 6-60
verlag@buchhandlung-walther-koenig.de

Bibliografische Information der Deutschen Nationalbibliothek
Die Deutsche Nationalbibliothek verzeichnet diese Publikation in der Deutschen Nationalbibliografie; detaillierte bibliografische Daten sind über <http://dnb.d-nb.de abrufbar.>

Printed in Germany

VERTRIEB / DISTRIBUTION:
Schweiz / Switzerland: AVA Verlagsauslieferungen AG
Centralweg 16, CH-8910 Affoltern a.A.
Tel. +41 (44) 762 42 00, Fax +41 (44) 762 42 10
verlagsservice@ava.ch

UK & Eire: Cornerhouse Publications
70 Oxford Street , GB-Manchester M1 5NH
Tel. +44 (0) 161 200 15 03, Fax +44 (0) 161 200 15 04
publications@cornerhouse.org

Außerhalb Europas / Outside Europe
D.A.P. / Distributed Art Publishers, Inc.
155 6th Avenue, 2nd Floor, USA-New York, NY 10013
Tel. +1 212 627 1999
Fax +1 212 627 9484
eleshowitz@dapinc.com

ISBN 978-3-86335-287-5

www.smb.museum
www.museumsshop.smb.museum

Umschlagabbildung / Cover Illustration: George Widener, *Megalopolis*, undatiert / undated, Mischtechnik auf Papier / mixed media on paper, 60,5 × 98 cm, Collection abcd, Paris
Abbildung / Illustration S. / pp. 1, 2, 5, 6: George Widener, *Ohne Titel / Untitled* (Detail / detail), undatiert / undated, Mischtechnik auf Papier / mixed media on paper, 15 × 56 cm, Courtesy George Widener

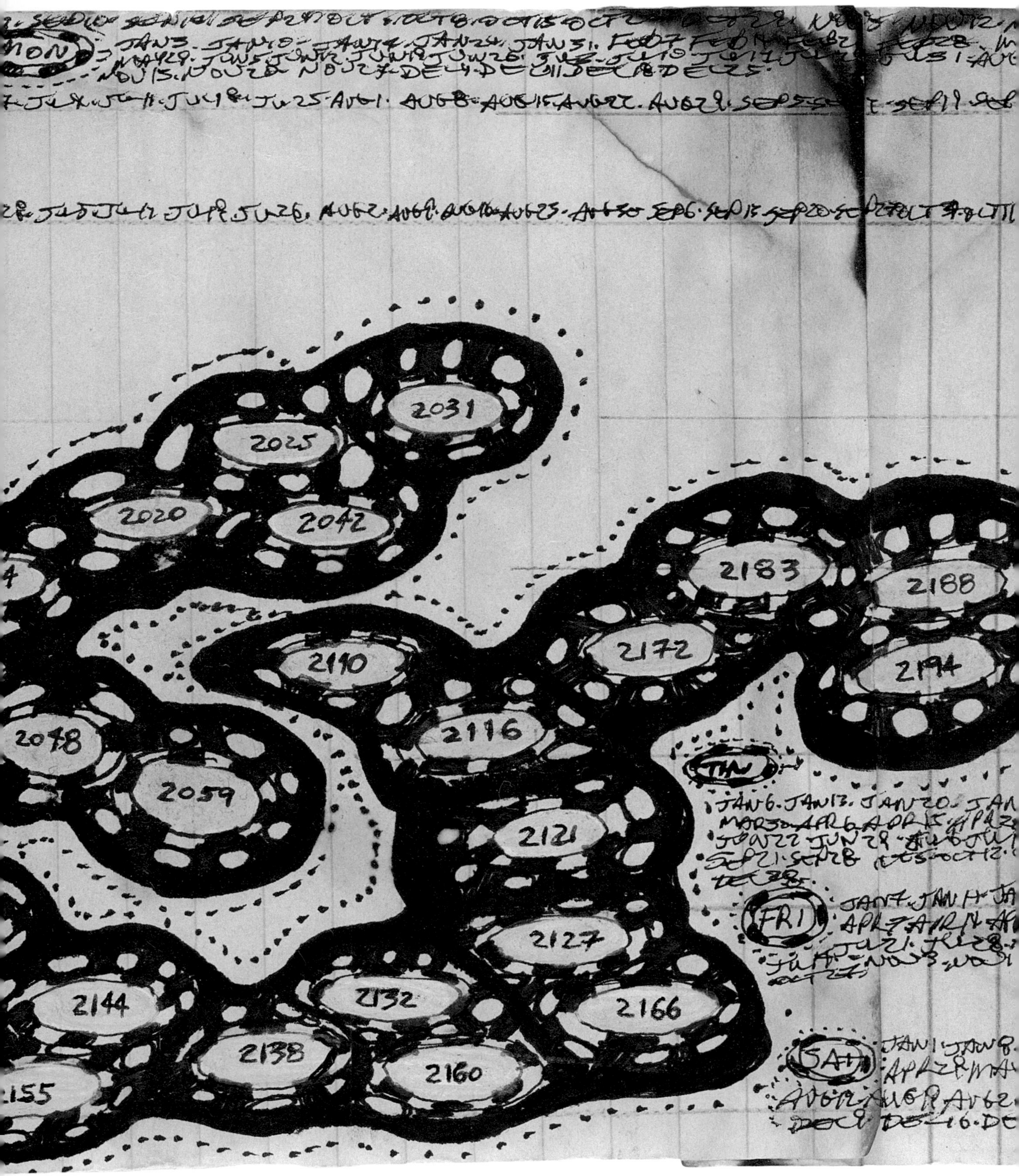
MON
2031
2025
2020
2042
2183
2188
2172
2194
2110
2116
2078
2059
THU
2121
FRI
2127
2144
2132
2166
2138
2160
SAT
2155

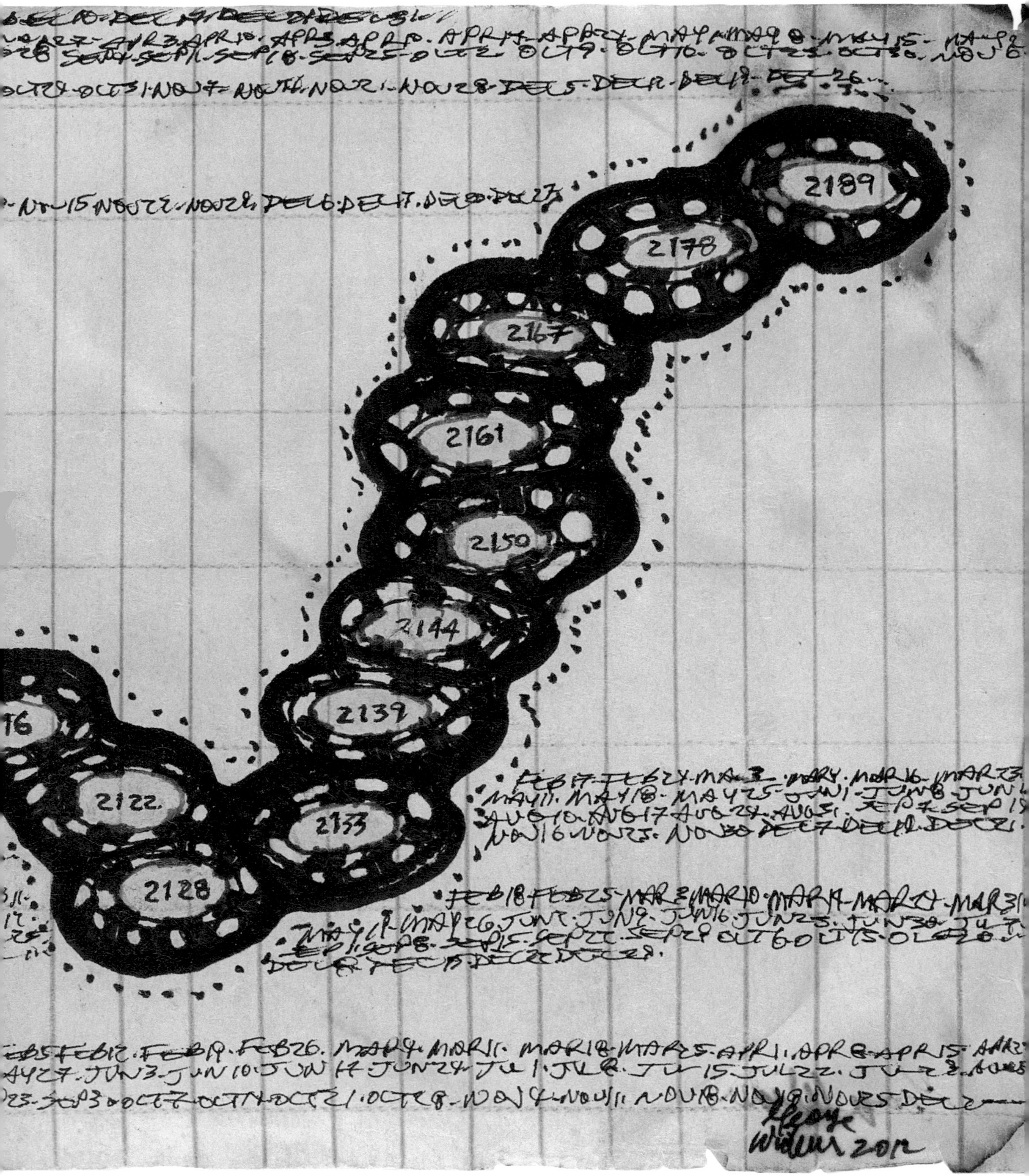
2189
2178
2167
2161
2150
2144
2139
2133
2128
2122
2012

secret universe – GEHEIMES UNIVERSUM

Wo kann es noch Geheimnisvolles geben, wenn es im öffentlichen Raum des Museums ausgestellt wird? Liegt es im Gezeigten selbst, in den Bedingungen, unter denen es entstanden ist, in der Wirkung, die es ausübt? Sowohl als auch. *secret universe* stellt künstlerische Einzelpositionen vor, die sich mit keinem gängigen Label des Kunstbetriebs verschlagworten lassen, keinem zeitgeistigen Diskurs folgen und doch sämtliche Strategien der zeitgenössischen Kunst nutzen. Mit der Reihe *secret universe* hat der Hamburger Bahnhof – Museum für Gegenwart – Berlin im Mai 2011 einen Projektbereich eröffnet, der Kunstwerke präsentiert, die Einblicke in faszinierende Möglichkeitswelten und komplexe visuelle Erzählungen geben.

Nach den ersten drei Ausstellungen mit über zweitausend Polaroidfotografien Horst Ademeits, den komplexen gemalten Erkenntnismodellen Paul Laffoleys und den naturidentischen Puppen und inszenierten Fotografien von Morton Bartlett, widmet sich der 4. und vorerst letzte Teil der Serie *secret universe* dem Werk des amerikanischen Künstlers George Widener.

Der 1962 in Kentucky geborene Widener hat schon früh eine Vorliebe für Zahlen und Numerologie, Kalender, historische Daten, Bevölkerungsstatistiken und mathematische Berechnungen entwickelt. Seit den frühen 1980er Jahren arbeitet er intensiv an seinen komplexen Schrift-Bild-Kombinationen, die zunächst aus rein privatem Interesse entstanden sind. Erst im Jahr 2000 stellte er das erste Mal in einer Galerie aus. In seinen klar strukturierten Zeichnungen, die auf gefundenen Papieren oder speziell präparierten Servietten und Pappen entstehen, kombiniert Widener Zahlen und Nummern mit realen historischen Ereignissen. Er erstellt so eigene Bedeutungszusammenhänge, analysiert das Weltgeschehen ebenso wie seine eigene Biografie und entwickelt darüber hinaus spezifische Codes für superintelligente Computer der Zukunft. Beeinflusst von den Theorien Ray Kurzweils, einem der führenden Forscher zum Thema der künstlichen Intelligenz, ist George Widener davon überzeugt, dass im Jahre 2045 die Verschmelzung von Hochleistungsrechnern und menschlichen Gehirnen stattfindet und das Bewusstsein in Software verwandelt wird. Mit seinen geheimen Algorithmen folgenden Bildern will er diesen Supercomputern intelligente Unterhaltung bieten und sie dazu bringen, der Menschheit freundlich gesinnt zu sein.

George Widener blickt aber ebenso in die Vergangenheit und setzt sich intensiv mit historischen

Katastrophen und Desastern wie dem Untergang der Titanic auseinander. Sein Urgroßonkel, der ebenfalls George Widener hieß, fand auf der Titanic den Tod und immer wieder kreist Widener in seinen Arbeiten um diese Tragödie, in dem er akribisch die Zahl der Passagiere, die Mengen der Nahrung oder die Leistung der Maschinen auflistet. Durch seine Analysen von Zahlen und Statistiken entdeckt er bestimmte Gesetzmäßigkeiten, z.B. bei Flugzeugabstürzen. In der Arbeit *Sunday´s Crash* listet er die Flugzeugkatastrophen auf, die jeweils an einem Sonntag stattgefunden haben und dekliniert sie für 31 Tage, die Dauer eines Monats, durch. Mit Hilfe der Berechnungen von Katastrophen versucht er dem scheinbar Unvorhersehbaren ein logisch abgeleitetes Instrumentarium entgegenzusetzen, eine Art Früherkennungssystem, das künftige Desaster vorauszusagen vermag.

Einen weiteren Themenschwerpunkt seines Œuvres bilden Entwürfe für Megastädte der Zukunft. Wideners „Megalopolis"-Arbeiten basieren ebenfalls auf kalendarischen Berechnungen und geometrischen Grundmustern, denn er ist davon überzeugt, dass sich ausbalancierte städtebauliche Entwürfe positiv auf das Befinden des Menschen auswirken.

All diesen unterschiedlichen Themenkomplexen in George Wideners Werk liegt dieselbe Antriebsfeder zu Grunde: der Versuch, Zeit und Raum neu zu vermessen, in neue Bedeutungszusammenhänge zu setzen und zu verorten. Mit Hilfe einer eigens entwickelten Systemtheorie gibt George Widener sowohl der Komplexität des Weltgeschehens als auch dem persönlichen Erleben Struktur. Dabei sind die Zahlen, Daten und Codes, die in George Wideners Werk eine zentrale Rolle spielen, nur zum Teil intellektuell reflektierte Muster. Auf der einen Seite setzt er sich intensiv mit historischen Kalendern und mathematischen Figuren auseinander, auf der anderen Seite sind die Zahlen aber Teil seiner inneren Struktur, das grundlegende System seiner Wahrnehmung von Welt. Denn George Widener ist ein Savant mit Asperger Syndrom, ein Mensch mit einer außergewöhnlichen Inselbegabung, die erst spät entdeckt wurde. Wenn er Zahlen sieht oder Berechnungen erstellt, tauchen dazu Bilder vor seinem inneren Auge auf. Sein Gehirn verschaltet automatisch diese unterschiedlichen Informationsebenen und eröffnet ihm so Zugang zu Wahrnehmungswelten, die uns verschlossen bleiben.

Vom Kunstbetrieb ist George Widener immer wieder als „Outsider" bezeichnet worden. Uns scheinen diese Kategorien von „inside" und „outside" überholt, denn durch die bildnerische Kraft der Werke von Künstlern wie George Widener spricht die Macht der Kunst. Einer Kunst, die das Potenzial hat, festgefahrene Diskurse sowohl der Kunstkritik als auch des Kunstbetriebs aufzubrechen.

Wir danken an dieser Stelle allen, die zum Gelingen der Ausstellung beigetragen haben. Allen voran George Widener, der eigens für die Ausstellung einen neuen, autobiografischen Zyklus geschaffen hat. Ebenso der Galerie Susanne Zander, Köln; der Galerie Michael Haas, Berlin; Henry Boxer Gallery, London; Ricco Maresca Gallery, New York; der Collection abcd, Paris; The Museum of Everything, London; sowie diversen Privatsammlern. Dank gilt Susanne Zander, die uns durch ihre profunde Kenntnis bei der Erarbeitung der Ausstellungsreihe zur Seite gestanden hat. Ohne Christiane zu Salm und ihre About Change, Stiftung würde es *secret universe* nicht geben. Sie hat sich spontan für das Projekt begeistert und sein Potential sowohl in kunsthistorischer als auch gesellschaftlicher Hinsicht erkannt. Wir danken ihr für ihre großzügige Unterstützung.

Udo Kittelmann und Claudia Dichter

secret universe

Where can the mysterious be found in an exhibit shown in the public space of a museum? Is it contained within the exhibit itself or in the conditions in which it was made, or does it lie in the impact exerted? The answer is, in all of these! *secret universe* presents individual artistic positions that do not fit the established categories of the art world, do not follow the discourse of the *zeitgeist* and yet use all of the strategies of contemporary art. In May 2011, the Hamburger Bahnhof – Museum für Gegenwart – Berlin inaugurated a three-year project with the series *secret universe,* which presents artwork that provides insight into fascinating potential worlds and complex visual narrations.

Following the first three exhibitions which included more than two thousand Polaroids by Horst Ademeit, the screen projections of examples of the complex knowledge models by Paul Laffoley, and Morton Bartlett's nature-identical dolls, *secret universe 4*, the at the moment last exhibition in this series, is dedicated to the œuvre of the American artist George Widener.

Widener, who was born in 1962, in Kentucky, developed an early inclination for numbers and numerology, calendars, historical dates, demographic statistics, and mathematical calculations. Since the beginning of the 1980s, he has worked intensively on his complex typeface combinations, which at first emerged for purely private reasons and which he showed in a gallery for the first time in the year 2000. His clearly structured drawings on found paper or specially prepared napkins and cardboard combine figures and numbers pertaining to actual historical events, creating distinct semantic contexts that analyze world events and his own biography; beyond that, they also create specific codes for the super intelligent computers of the future. Influenced by the theories of Ray Kurzweil, a leading scientist in the field of artificial intelligence, George Widener is convinced that the fusion of high-performance computers with the human brain will occur by 2045; he also believes that human awareness will then be transformed into software. His drawings, which follow secret algorithms, seek to provide these super computers with intelligent entertainment in order to win them over to humanity.

But George Widener also looks back at the past, studying and reflecting intensively upon historical catastrophes and disasters such as the sinking of the Titanic. His great-grand uncle whose name was also George Widener died on the Titanic, and in his works Widener keeps returning to this tragedy by painstakingly listing the number of its passengers, the amounts of its provisions, and the capacity of its engines. His analysis of these figures and statistics revealed to him certain laws which he has furthermore applied to the incidence of airplane crashes. In his piece *Sunday's Crash*, he lists airplane disasters that have occurred on Sundays and enumerates all variations over the duration of 31 days, a month. With the help of such computations of catastrophes he tries to set up a logical *instrumentarium* against the seemingly unforeseeable, a kind of early detection system that can predict future disasters.

Another focus of Widener's work concerns the designs for the megacities of the future. His *Megalopolis* works are based on calendar computations and geometric basic designs as well, for he is convinced that balanced design of urban construction influences the wellbeing of people positively.

These various theme complexes in George Widener's œuvre are inspired by the same driving force: the attempt to measure *time* and *space* anew, to place them in new meaningful contexts and to reposition them. With a specially developed system theory George Widener structures both the complexity of world events and his personal experience. In this system, numbers, dates, and codes which play a central role in his work are only partly intellectually reflected patterns. On the one hand, he investigates historical calendars and mathematical figures intensively; on the other hand, his figures are part of an inner structure, the basic system of his perception of the world. For George Widener is a savant with Asperger syndrome – a man who is an unusual island of genius –, which was diagnosed late in his life. When he sees numbers or makes calculations, images emerge before his inner eye. His brain connects the various information levels automatically, opening access to worlds of perception, which are closed to the rest of us.

Time and again, the art world has declared George Widener an "outsider". We consider the distinction between "inside" and "outside" outdated, for the power of art speaks through the creative force of works of artists like George Widener. An art that has the potential to break open the deadlocked discourse of art critics as well as the art world.

We would like to thank all who have contributed to the success of this exhibition. Foremost George Widener, who has created a new, autobiographical cycle for this exhibition. Also Galerie Susanne Zander, Cologne; Galerie Michael Haas, Berlin; Henry Boxer Gallery, London; Ricco Maresca Gallery, New York; Collection abcd, Paris; The Museum of Everything, London; as well as various private collectors. A special thank you goes to Susanne Zander, who has accompanied the preparation and realization of the entire exhibition series with her profound knowledge. Without Christiane zu Salm and her About Change, Foundation *secret universe* would not have materialized. Inspired, she has spontaneously promoted this project and immediately recognized its potential in art historical as well as societal respect. We are grateful for her generous support.

Udo Kittelmann and Claudia Dichter

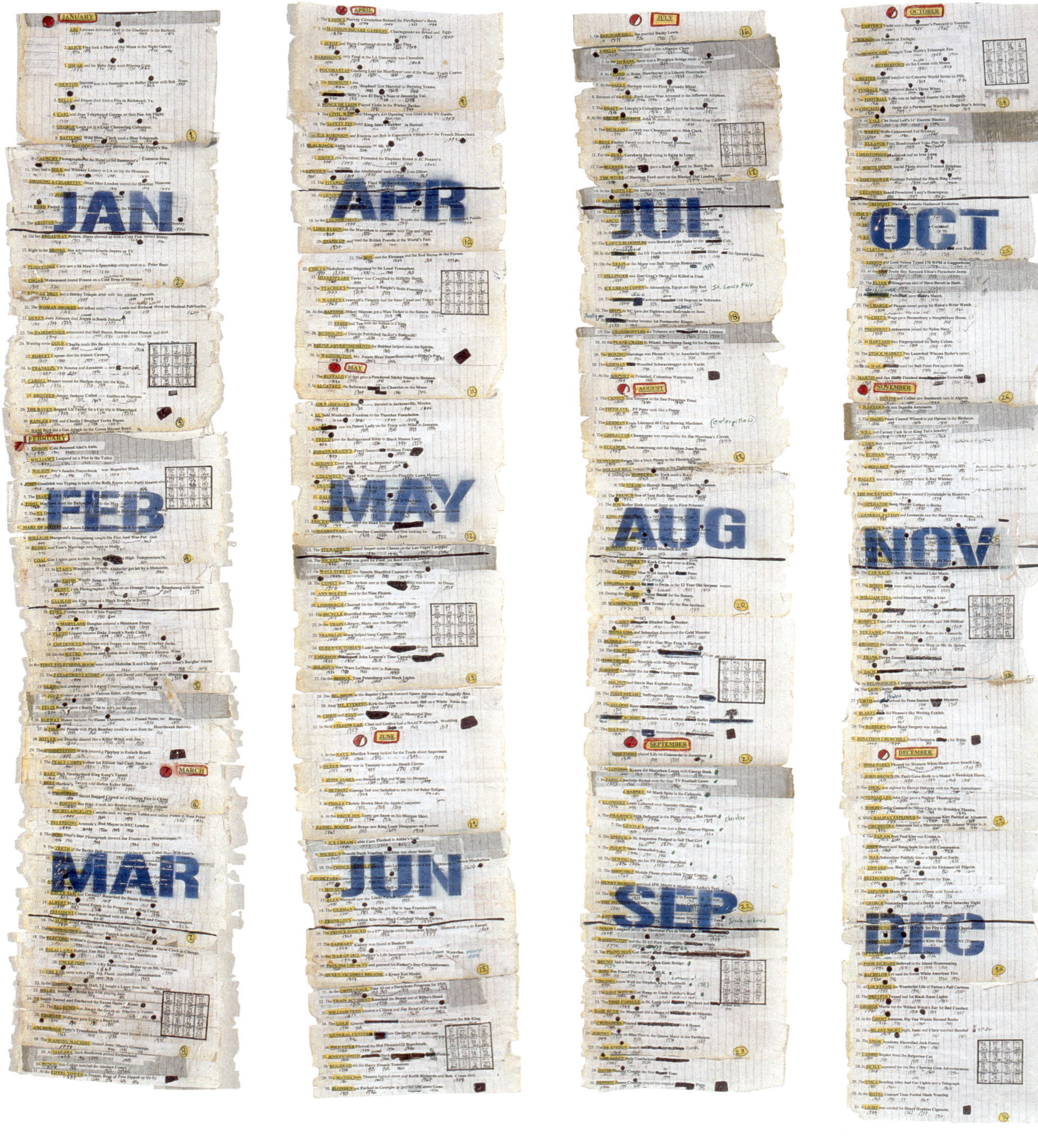
JAN
APR
JUL
OCT
FEB
MAY
AUG
NOV
MAR
JUN
SEP
DEC

George Widener

Marlene Dumas

Ich mag keine Statistiken. Ich kann keine Daten und Zahlen erinnern. Ich habe nie mitbekommen, wenn etwas passiert war, oft nicht einmal das, was gerade vor meinen Augen „geschieht". Schon immer beeindruckte mich Kunst, die sich mit Zahlen befasst und von Menschen, die ein gutes Gedächtnis für Fakten haben. Und doch sind sie meistens zu kühl and berechnend, als dass sie mich wirklich berühren.

Warum also bin ich so angetan von George Widener? George Widener ist kein Buchhalter, kein Steuerinspektor oder Verwaltungsbeamter, der Einnahmen und Ausgaben gegeneinander abwägt, um eine profitable, vorausberechenbare Weltordnung zu schaffen, die sich auf Rationalität und Ordnung gründet. George ist ein moderner Künstler des Tragischen, ein Schöpfer magischer Gesänge, der Welten von unendlicher Verletzlichkeit entstehen lässt. Der zeichnet, wenn er schreibt und dessen Schreiben Zeichnen ist. Seine Gedankenwelten, Landschaften, Städte und Zeitreisen wecken unsere Ängste an Vorstellungen, die wir zu vergessen suchen – Schicksal, Bestimmung, Berufung, Freiheit ... Vorherbestimmung ... Unglück.

Seine Arbeiten sind komisch und doch sehr ernst. Er könnte Warhol in den Schatten stellen. Meine beiden Lieblingsarbeiten sind *Sunday's Crash* und *Friday Disasters*.

„Unglück kann jeden jederzeit treffen, egal ob reich und berühmt oder arm und hungrig. Gib dein Bestes, denn es kann dich schon am Abend einholen".

George gibt immer das Beste.

(zuerst erschienen in: *Everything #1,* 2010 Mondadori Electa SpA, Mailand; wiederveröffentlicht mit freundlicher Genehmigung von The Museum of Everything, London)

(links/left) *Ohne Titel/Untitled,* 1985 – ca. 2002
Buntstift und Kugelschreiber auf Papier/Colored pencil and ballpoint pen on paper, 4-teilig/4 parts,
ca. 140 × 30 cm (jeweils/each)
Courtesy Ricco/Maresca Gallery, New York

I dislike statistics. I can't remember dates and numbers. I've never known when something happened or even "happens" sometimes. I've always been impressed by art that deals with numbers and people with good memories for facts. But at the same time they are most often too cold and calculated to really move me.

So why am I so touched by George Widener? George Widener is no book-keeper, no taxman, or administrator who matches the ins and outs to create a profitable, predictable world of rationality and order. George is a modern artist of the tragic. He is a constructor of magic chants. He constructs worlds of infinite vulnerability. He draws as he writes and he writes like drawings. His memory-scapes, his landscapes or cities and travels in time remind us of our fears regarding notions we try to forget – fate, destiny, calling, freedom ... predestination ... (bad) luck.

His work is funny and yet very serious. He could give Warhol a run for his money. Two of my favorite works of his are *Sunday's Crash* and *Friday Disasters*.

"Disaster can come to anyone at anytime. It does not care if you are rich and great or poor and hungry. Do your best because it may come by at dinner time."

George gives us his best all of the time.

(first published in: *Everything #1,* 2010 Mondadori Electa SpA, Milan, reissued with kind permission by The Museum of Everything, London)

DAS WERK VON GEORGE WIDENER: Die Kunst des Kalküls, die Kunst des Labyrinthbaus

Barbara Safarova

Die Zukunft ist unvermeidlich, präzise: aber es mag sein, daß sie nicht zustande kommt[1]

„Ich allein habe mehr Erinnerungen, als alle Menschen zusammen je gehabt haben, solange die Welt besteht. [...] Mein Gedächtnis, Herr, ist wie eine Abfalltonne.“
Jorge Luis Borges, *Das unerbittliche Gedächtnis*[2]

Nach Jorge Luis Borges ist „die Zukunft ist unvermeidlich, präzise: aber es mag sein, daß sie nicht zustande kommt."[3] Dieser Satz ist das Thema vieler wissenschaftlicher Veröffentlichungen, die sich mit Fragen der Umweltveränderungen und den Möglichkeiten der Katastrophenverhinderung befassen. Sie stehen auch im Zentrum vieler künstlerischer Arbeiten. Können wir durch die Vorhersage von Katastrophen die Zeit nutzen und sie verhindern? Können wir in eine Welt eingreifen, die unter einem verhängnisvollen Stern steht? Wenn wir George Widener glauben, dann scheint nicht dies, sondern eher das Gegenteil der Fall zu sein, denn Informationen über zukünftige Katastrophen sind schon in unserem Kalender enthalten, und vielleicht lösen wir sie durch die Art und Weise, wie wir bestimmte Daten aneinanderreihen, sogar selbst aus?

George Widener stellt gerne Berechnungen an, erfindet Diagramme und Kodes, befasst sich mit komplexen Zahlen- und Buchstabensystemen. Seine Arbeiten haben eine gewisse Ähnlichkeit mit Landkarten, denn sie geben Phänomenen, die sich auf unsere geistigen Aktivitäten beziehen, eine Form.[4] Im Hinblick auf die Repräsentationen von Systemtheorien erweisen sich die Kategorien der klassischen Kunstgeschichte sehr schnell als unzureichend. Dabei ist George Widener nicht der einzige Künstler, dessen Werke die Grenzen der Kunst in Frage stellen. Er teilt diese Affinitäten mit anderen Konzeptkünstlern, die Systemen, die unsere Vorstellung von Welt bestimmen, eine Form geben oder versuchen, Machtstrukturen sichtbar zu machen. So z.B. Hanne Darboven in *One Month, One Year, One Century* (1971), einer Arbeit, die aus 402 Büchern besteht und eine Zahlenserie enthält, die sie aus einem einzigen

Datum extrapoliert hat. Oder On Kawara mit seiner Audio-Präsentation von *One Million Years* (1969). Kawara markiert in seinen Kalendern jeden Tag seines Lebens mit einem gelben Punkt, fügt dann einen grünen oder roten Punkt hinzu je nachdem, ob er ein oder mehrere Gemälde angefertigt hat. Unter den zeitgenössischen Künstlern findet sich auch Mark Lombardi mit seinen Diagrammen von Systemen der Finanzkorruption (Abb. 1), Evariste Richer, der die Welt unter dem Aspekt ihrer Klimakomponenten sieht, die Gleichungen Laurent Deroberts oder Claude Closky und seine Arbeit *The First Thousand Numbers Classified in Alphabetical Order* (1989). Ebenso Jorinde Voigt, die in ihren Zeichnungen grafische Algorithmen entwickelt, Diagramme, in denen sie versucht, Phänomene unserer Umwelt in einer Kodesprache zusammenzufassen (Abb. 2, S. 34). Genau so wie diese Künstler versucht auch George Widener, die Zeichen der Realität zu identifizieren, sie sich neu anzueignen, um sie mit großem wissenschaftlichen Interesse und Ironie zu transformieren.

Ein neues Organisationsprinzip der Realität zu erfinden, kann auch eine literarische Erfahrung sein. Man denke an die Raumspiele in Georges Perecs Roman *La Vie mode d'emploi* (1978), der wie auf einem Schachbrett mit hundert Feldern – die hundert Räume eines Pariser Wohnhauses repräsentieren – die Geschichte anhand der Bewegung der Figur des Springers erzählt. „Eine solche Bewegung lässt uns auf jedem Feld, außer einem, Halt machen: denn in diesem Labyrinth fehlt ein Stück, das möglicherweise den Schlüssel zum Roman enthält..."[5] Oder an den Roman *Tentative d'épuisement d'un lieu parisien* (1975), in dem der gleiche Autor versucht, alles was er in dem Zeitraum von drei Tagen am Place Saint-Sulpice beobachtet zu notieren, um eine vollständige Liste zu erstellen.

In seinen Arbeiten verwendet Widener ähnliche Methoden wie Perec, sei es bei der Darstellung eines Prozesses, dem ein bestimmtes Organisationsprinzip zu Grunde liegt oder der Aufzählung bestimmter Details.

Aufzählen, um zu „denken" – seit der Renaissance interessiert sich die Menschheit für die „Theater der Erinnerung", reale Systeme zum Verständnis der Welt. Widener geht auf ähnliche Weise vor, wenn er Listen anfertigt. Doch im Gegensatz zu Perecs Streben nach Vollständigkeit oder zu den "Erinnerungshilfen" der Renaissance – die Widener nicht braucht, weil sein Gedächtnis das seiner Zeitgenossen weit übertrifft –, scheint der Künstler vielmehr das Gegenteil anzusteuern. Er will ein Objekt oder historisches Phänomen, sei es auf die Weltgeschichte oder auf seine eigene persönliche Geschichte bezogen, erfassen, indem er dessen Essenz auf wenige Schlüsselzahlen oder Schlüsseldaten destilliert.

In diesem Prozess werden Wideners Berechnungen zunehmend komplexer. Während der Künstler in seinen frühen Arbeiten mit der Umstellung von Zahlen in Daten spielte, die als „Palindrome" dienten – Redewendungen, die auf einen Text oder ein Wort verweisen, in dem die Folge der

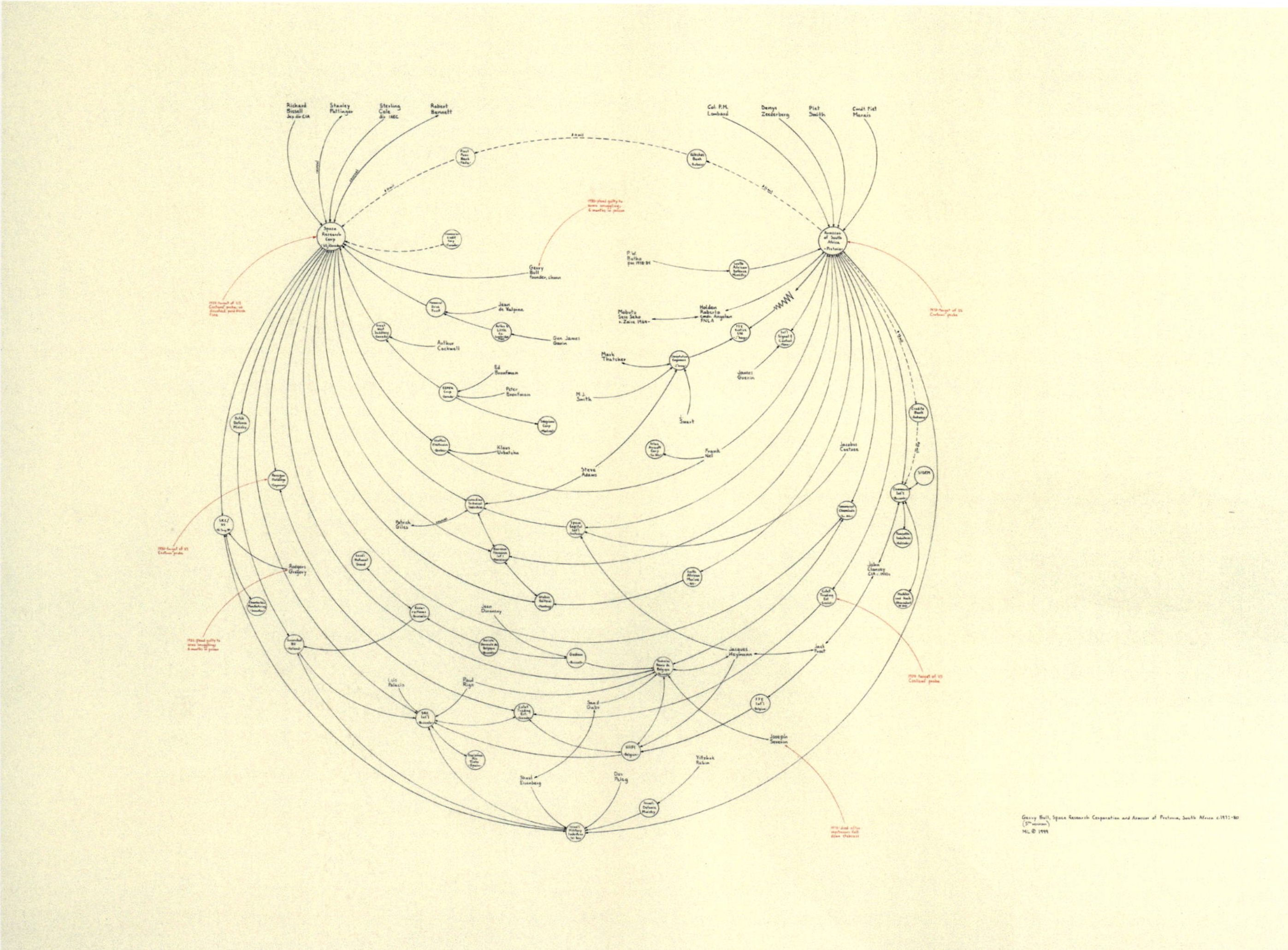

Abb./fig. 1 Mark Lombardi, *Gerry bull, space research corporation and armscor of pretoria, South Africa,* 1999, 5th version at Pierogi (flatfiles), Courtesy Donald Lombardi and Pierogi Gallery (Foto/Photo: John Berens)

Buchstaben immer gleich ist, egal ob man sie von rechts nach links oder von links nach rechts liest –, ist er nun zu einer komplexeren Kodierung übergegangen: „Ich bin hier und kodiere die Sonntage des Januars 1972 für den Buchstaben A und dann gehe ich zur nächsten Sequenz von Jahren/Tagen, um den Buchstaben B zu ersetzen. Die rot/schwarzen Rechtecke deuten an, wo man die Bildfläche scannen muss, um sie in Tausenden anderer Daten eingebettet, wieder zu finden. Auf diese Weise lassen sich Buchstaben und Worte formen."

Die Erforschung der Welt durch Berechnungen ist Hauptaufgabe der Mathematiker und die zentrale Fragestellung lautet: „Besteht die Aufgabe der Mathematik in der *Erfindung* oder in der *Entdeckung* von Dingen? [...] Der französische Mathematiker Gustave Choquet hat das treffend formuliert, indem er feststellt, dass das Theorem, nach dem man sucht, schon seit Urzeiten existiert, aber dass man, um es zu *entdecken*, einen Pfad *erfinden* muss."[6] Objekte in Zahlen zu zerlegen, um sie in einem kreativen Prozess neu zu kodieren: können wir damit Desaster umwandeln?

Zukünftige Desaster und das Endszenario: 21/12/2012

Katastrophen sind „Turbulenzen, letzte und wesentlichste Ereignisse, Desaster oder Geschehnisse, die den Tod vieler Menschen verursachen." Die „Katastrophentheorie" ist „eine Theorie, die auf der Grundlage empirischer Beobachtungen eines Systems oder diskontinuierlichen Prozesses versucht, ein dynamisches kontinuierliches Modell zu konstruieren."[7] „Desaster üben aus ganz bestimmten Gründen eine natürliche Anziehungskraft auf mich aus", sagt Widener in einem seiner Interviews.[8] In seinen Arbeiten scheinen den Künstler besonders Flugzeugabstürze zu interessieren (s. *Sunday's Crash*, S. 65). Er hat eine Liste der Flugzeuge aufgestellt, die an einem Sonntag abstürzten. Die Zahlenreihen der Daten dieser vergangenen Katastrophen scheinen es ihm zu ermöglichen, die Daten zukünftiger Unglücke zu bestimmen und damit eine vollkommen originäre „Katastrophentheorie" zu entwickeln: „Sonntags wieder in 100 Jahren und einem Tag. Fliegen Sie nicht am: 18. Januar 2065, 25. Oktober 2071, 22. Dezember 2080, 13. März 2050, 16. November 2066, 27. Oktober 2075 [...]." Das Gleiche gilt für Schiffbrüche: auch wenn wir meinen, sie gehörten der Vergangenheit an und seien von den spektakulären Flugunglücken weit überholt worden, so verweisen die aktuellen Nachrichten eher auf das Gegenteil, wie etwa die weltweit publizierte Havarie des Kreuzfahrtschiffes *Costa Concordia*, die sich im Januar 2012 in der Nähe der Insel Giglio vor der italienischen Küste ereignete.

„Concordia, Concordia" so lautete auch der Titel der Ausstellung von Thomas Hirschhorn (Gladstone Gallery, New York, 14. September – 20. Oktober 2012), die das apokalyptische Bild des Inneren des auf seiner Seite liegenden Schiffes zeigt. Für Hirschhorn repräsentieren die nach dem Desaster von dem havarierten Schiff verbreiteten Bilder die „Ungewissheit und Unsicherheit der Vergangenheit, des gegenwärtigen Augenblicks und der Zukunft" – „die Form unserer zeitgenössischen Desaster" *par excellence*. „Gehen Sie zurück an Bord, Kapitän!" schrie der Offizier der Küstenwache den Kapitän an, der jetzt wegen mehrfachen Mordes durch Fahrlässigkeit, Havarie und wegen Verlassen des Schiffes angeklagt worden ist. Zugleich symbolisiert dieser Satz auch, dass es keinen sicheren Ort gibt, er kündigt zukünftige Desaster an. Die Redewendung, „wenn etwas zu *groß* ist, muss es *versagen*", bezieht sich nicht nur auf den „Tempel des Luxus und Entertainments“, der sich in der Costa Concordia versinnbildlicht, sondern vor allem auf ihre zu einer Ikone gewordenen Vorgängerin, die Titanic. Die Titanic, *King of the World*, ist Gegenstand einer Reihe von Zeichnungen Wideners, die meist ein Segment des Schiffes mit verschiedenen anderen Elementen, zum Beispiel einer Schiffsschraube, einem Rettungsboot oder einem Anker, zeigen. Nichtsdestotrotz wird Wideners Titanic weniger durch die Zeichnung selbst als vielmehr durch eine Akkumulation von Zahlen repräsentiert, die Auskunft über die Menge der auf dem Schiff verstauten Nahrungsmittel geben („75.000 Pfd. Fleisch, 25.000 Stück Geflügel, 7.500 Pfd. Schinkenspeck, 1.000 Pfd. Weintrauben, 10.000 Pfd. Zucker, 3.500 Pfd. Tomaten, 40.000 Pfd. Kartoffeln [...]“) oder die genaue Anzahl der Heizkessel und Schiffsschrauben, der wasserdichten Abteile und Schwimmwesten. Ferner die Beschreibung des Desasters selbst: „Eisberg getroffen um 23:40, sinkt um 1:20. 15.234 Seelen verloren, 306 Leichen geborgen.“

Wideners Faszination für den Untergang der Titanic hat auch eine persönliche Komponente. Während seiner Nachforschungen über die fatale Schiffsreise fand er heraus, dass sich unter den vermissten Passagieren auch ein gewisser George Widener befand. Dieses Ereignis repräsentiert für ihn gewissermaßen die Ankündigung seines eigenen Endes, die ihm Sorge bereitet, wie eine Notiz vom 10. April 2004 zeigt: „Heute bin ich 15.402 Tage alt. Wie alt werde ich sein, wenn ich sterbe?“

Und schließlich, „was kann der Menschheit mehr Sinn gegen das Vergehen der Zeit geben als ihr eigener Untergang durch die Zerstörung aller Dinge?“ Nach Ansicht des Künstlers Gianni Motti „war die Menschheit immer von Daten fasziniert, die ihre totale Vernichtung, das Ende allen Lebens auf der Erde, das Ende der Zeit, die Apokalypse voraussagten. Als seien wir zum Äußersten entschlossen, die Bedeutung des Lebens noch herauszufinden, bevor alles zu Ende geht.“[9] Dieses endgültige Desaster liegt für Motti in sehr ferner Zukunft. Das zeigt seine Arbeit *Big Crunch Clock* (1999), eine schwarze Digitaluhr mit zwanzig roten Ziffern, die die Jahre zurückzählen, die uns von der Explosion der Sonne trennen – Milliarden Jahre bis auf Zehntel Sekunden.

„Durch das Studium des Big Bang, des Urknalls, sind einige Wissenschaftler auf die Big Crunch-Theorie gekommen, die den Zusammenbruch des Universums voraussagt und eigentlich eine „umgekehrte Big Bang-Theorie“ ist. [...] Nach dem Big Crunch könnte sich ein neuer Big Bang ereignen und ein neues Universum entstehen lassen, eine unendliche Folge von Universen sozusagen: Big Crunch bis Big Bang, dann wieder ein Big Crunch und so weiter.“

Für George Widener liegt das Ende der Menschheit viel näher. Ähnlich wie die Ägypter, Mayas, Hopi Indianer oder der Prophet Michel de Nostredame, bekannt als Nostradamus, datiert er den Untergang an das Ende des Jahres der „drei Eklipsen“ auf den 21.12.2012 und hat ihn in einem seiner magischen Quadrate (Abb. 3, S. 38) dargestellt.

Dabei beruft er sich auf ein Buch, das von einem Korporal, einem gewissen Captain Chester (siehe S. 1 in der Mitte der Zeichnung) am Ende des Zweiten Weltkriegs geschrieben wurde: „Ein Antiquar hatte das Buch vor seiner Aussonderung aus der Library of Congress gerettet, von dessen staubigem Regal ich es dann rettete [...] Ich blätterte es durch und fand einige Schlüsselworte, von denen ich behaupte, dass sie eine geheime Botschaft enthalten, die sich mit dem ganzen Rummel um das Ende der Welt am 21.12.2012 verbinden lässt. Es ist klar, dass der Autor alle möglichen, merkwürdigen Verbindungen herstellt [...] Es könnte von L. Ron Hubbard oder jemand anderem geschrieben worden sein [...] Es zeigt, dass man aus fast allem eine Verschwörungstheorie ableiten kann, wenn man will [...] Aber vielleicht enthält diese Schrift wirklich einen Kode [...]"

„Denken heißt, das Labyrinth betreten."

Was ist ein Labyrinth? Die meisten denken sofort an Kreta und den Minotaurus. Zugegeben, die Archäologen haben auf dem Gebiet der Labyrinthkonstruktion bisher keine überzeugenden Funde vorweisen können, weder in Kreta noch sonstwo. Gibt es wirklich eine Labyrinthstruktur zu entdecken? Sollten wir nicht anderswo suchen, unseren Blick nicht lieber nach innen richten? Das Labyrinth ist ein kompliziertes Netzwerk verschlungener Pfade und Rundgänge, dessen Ausgang man schwer wiederfindet [...] Und wenn das menschliche Gehirn, dieses komplexe Netzwerk von Neuronen und Synapsen, das ultimative Labyrinth wäre?

Es ist in einem Bild von Gautier d'Agoty (um 1716–1785) dargestellt, das die Verteilung der Blutgefäße und Nervenbahnen in den verschiedenen Teilen des Kopfes zeigt (Abb. 4). Auch Cornelius Castoriadis verweist darauf, dass „denken bedeutet, das Labyrinth zu betreten." Aber das Objekt-Labyrinth hat eine doppelte Dimension, denn „in ihm sind ein Labyrinth und eine Schnur ineinander verflochten. In einem Diagramm symbolisiert es die Komplexität der Welt und die Kraft des Geistes, die sich ihr mit allzu simplen Mitteln nähert. Man könnte sagen, das ursprüngliche Objekt-Labyrinth ist ein Oxymoron, ein Widerspruch in sich, ein grafisches Oxymoron philosophischer Natur: eine *casa mentale*."[10]

Wie funktioniert ein Objekt-Labyrinth? George Widener weist in seinen Arbeiten immer wieder auf die außerordentlichen Leistungen des Gehirns hin, er lässt uns durch seinen Kopf wandern, begeistert über dessen Einzigartigkeit. In seinen Spielen mit der Zeit veranschaulicht er uns sein Gedächtnis und seine Begabung für komplexeste Kalkulationen. Der Künstler teilt hier gewissermaßen ein ähnliches Interesse mit Thomas Hirschhorn, der mit dem deutschen Philosophen Marcus Steinweg an der Entwicklung großer Schaubilder geographischer Landkarten arbeitet (Abb. 5, S. 22). Diese Landkarten sollen zeigen, was in einem in Aktion befindlichen Gehirn vor sich geht, wie Bedeutungsinhalte

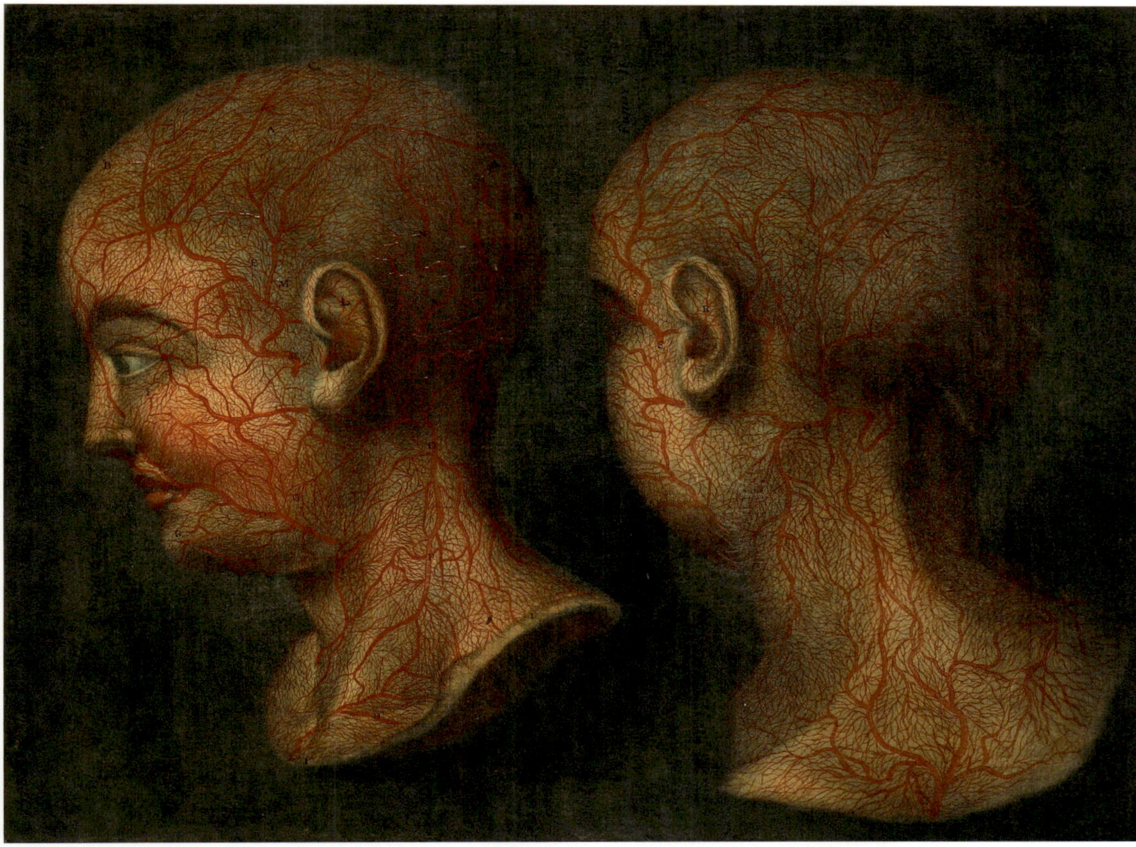

Abb./fig. 4 Jacques Fabien Gautier d'Agoty / Joseph-Guichard Duverney, *Anatomie de la tête*, Mezzotinto, 1748.

Form annehmen bevor sie zu einem Konzept werden: „Schreiben hat nichts mit Bedeuten zu tun, sondern damit, Land – und auch Neuland – zu vermessen und zu kartographieren."[11]

Ohne Raffinesse und Intelligenz ist das Zentrum des Labyrinths nicht zu erreichen. Dies wird dem symbolischen Labyrinth einen initiatorischen Charakter und eine Struktur geben, die für verschiedene Wissensgebiete und eine Vielzahl von Bedeutungen offen ist. Borges gibt folgende Definition des Labyrinths: eine ausgedehnte Wüste, „wo keine Treppen zu ersteigen, keine Türen aufzustoßen, auch keine ermüdenden Gänge zu durchwandern sind, und wo keine Mauern dir den Weg verlegen."[12] Eine leere Mitte definiert das Labyrinth, das dann zum Zentrum der Unendlichkeit reduziert werden könnte? Mit der Ausnahme, dass Widener dem Zentrum seiner „Labyrinth"-Karten eine Antwort in Form von

Initialen für jeden Wochentag beifügt: SMT WTFS (Abb. 6, S. 39). Welche Rolle spielen die Wochentage in dieser räumlichen Anordnung? Können wir die ultimative Antwort in Kalendern finden?

Kalender, Städte und Schiffe „lesen“

Alle auf dieser Erde Lebenden haben den Eindruck, dass die Zeit sychron, d.h. für jeden gleich ist. Dieser Eindruck ist falsch. Verschiedene Kulturen nehmen die Zeit auf unterschiedliche Weise wahr. Zeit ist kein universales Konzept. Sie repräsentiert nicht für jeden das Gleiche.

Takeshi Kitano, „Science is My Favourite Hobby“, in *Mathematics, A Beautiful Elsewhere*.

Können wir unsere Zukunft vorherbestimmen, wenn wir verstehen, wie wir die Zahlen von Daten manipulieren können? Gibt es eine mathematische Formel, die im Kern aller Ereignisse, sowohl der Weltgeschichte als auch unserer persönlichen Geschichte liegt? Nach Widener, „machen Kalender seltsame Dinge.“ Der Künstler hat eine Vorliebe für Kalenderdaten seiner Kindheit, er hat sie schon in einem sehr frühen Alter zu sammeln begonnen und manchmal aus der Schule mitgenommen. Widener kann spontan ein bestimmtes Datum mit einem Wochentag in Zusammenhang bringen, und dies für die nächsten 80.000 Jahre. Diese doppelte Dimen-

Abb. / fig. 5 Thomas Hirschhorn und / and Marcus Steinweg, *Foucault-Map*, 2005–2006, Kugel- / Filzschreiber und Klebeband auf Papier / Pappe, Print, Fotokopien, Kunststofffolie / ballpoint pen, marker and transparent adhesive tape on paper / cardboard, print, photocopies, plastic sheet, 454 × 274 cm Courtesy Museu Serralves, Porto.

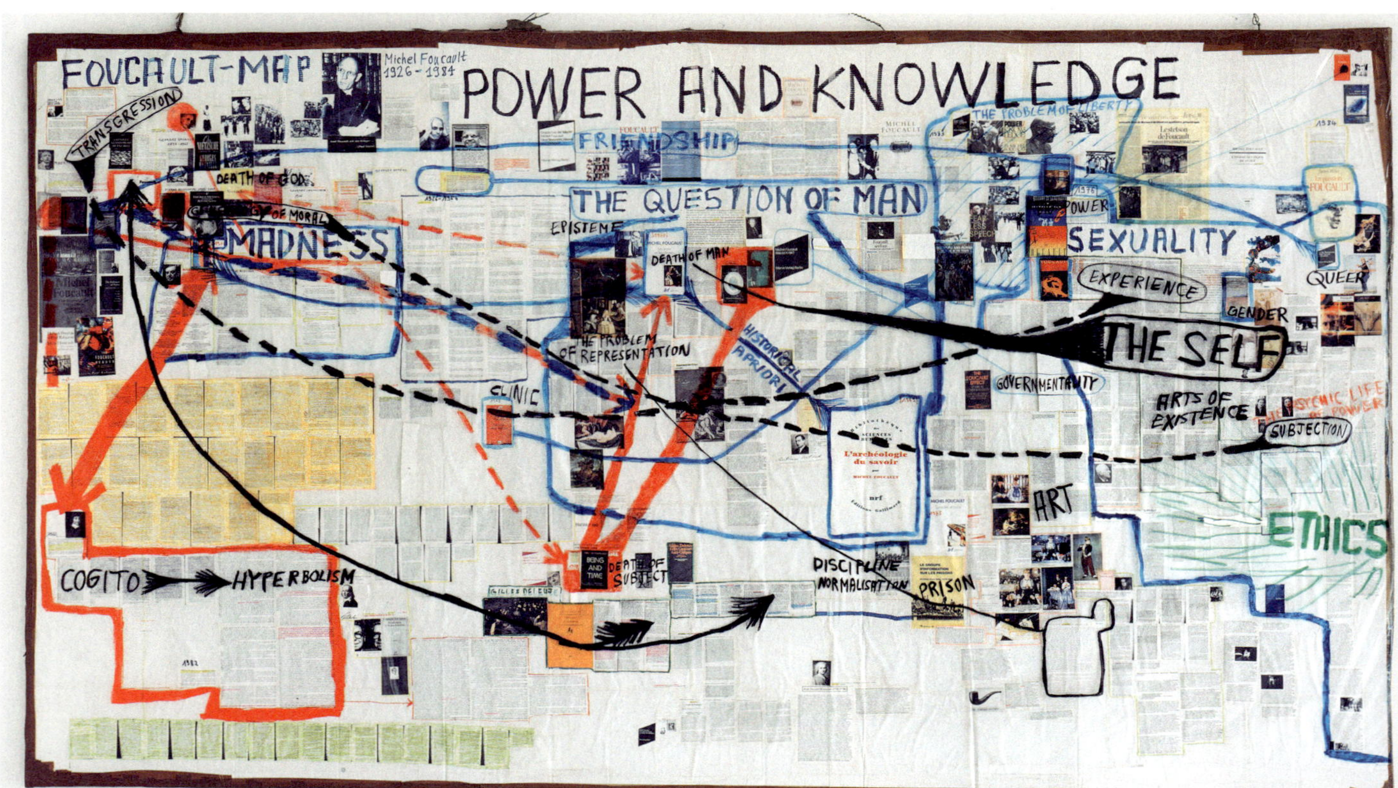

sion – er verbindet das Datum des Tages und des Jahres mit dem Wochentag – charakterisiert die zentrale Suche in seinem Schaffen.

Manchmal verwendet er diese Assoziation von Datum und Wochentag um einen Kode zu erfinden, in dem ein Datum einen Buchstaben ersetzt: „die Chiffre einer Buchstabensubstitution, die revolvierende Datensequenzen, beispielsweise die Sonntage des Jahres 1972, zur Repräsentation des Buchstaben ‚A' verwendet. [...] Die Montage des nächsten Jahres, vielleicht 2029 (denn es gibt eine kalendarische Beziehung zu 1972), für den Buchstaben ‚B'. [...] Wenn sie (in bestimmten Bildbereichen) in eine andere Datensequenz, in die sie nicht hineinpassen, eingesetzt werden – beispielsweise einige Montage des Jahres 1972 in eine Sequenz von Mittwochs des Jahres 1975 – dann können sie zum Buchstaben werden. Auf diese Weise kann ich für Suchmaschinen der Zukunft geheime Botschaften in den Bilder verstecken, die sie dann scannen, registrieren und verarbeiten können."

Statt Botschaften zu kodieren, spielt Widener zeitweise lieber damit, Verbindungen zwischen einem bestimmten Wochentag und verschiedenen Daten herzustellen. Es wurde schon erwähnt, dass der Künstler mit dem „S" von „Sonntag" die Annotation seiner Wochensequenz beginnt, um sie mit einem zweiten „S", dem „S" von Samstag zu beenden. Für Sonntage hat er sogar einen ganzen Monat geschaffen, den *Month of Sundays*, mit dem er die volkstümliche Redensart „Ein Monat voller Sonntage!" wörtlich nimmt und als Diagramm darstellt. Auch die Freitage spielen eine wichtige Rolle, da seiner Meinung nach „viele historische Ereignisse an Freitagen eintraten."

Nichtsdestotrotz ist es der Montag und seine Zuschreibung zu der Farbe Blau – „Blauer Montag" – der für Widener von besonderer Bedeutung ist. In seinen Arbeiten, spielt er mit den beiden Bedeutungen von „Blau", mit der Farbe und dem „feeling blue" (einer gewissen Traurigkeit): „Ich bin der Redewendung ‚Blue Monday' mehrfach in der Literatur begegnet und habe darüber nachgedacht, was damit gesagt werden soll, denn in meinem Kopf sah ich die verschiedenen Montage immer in der Farbe Blau. Das Jahr hat 52 Montage, ein Jahrhundert hat 5.200 Montage oder beinahe 15 Jahre, die nur aus Montagen bestehen. Sie richten sich ganz verschieden aus. Der Montag folgt auf die Wochentage Samstag und Sonntag und wird vielleicht deshalb manchmal als trauriger Tag empfunden, weil die Menschen nach einem entspannenden Sonntag am Montag wieder zur Arbeit zurückkehren müssen. Darum nennt man ihn Blau wie in ‚Playing the Blues'."

Die Kombination einer Farbe mit einem Wochentag beschränkt sich aber nicht nur auf den Montag: "Ich habe beim Lesen auch einen ‚Schwarzen Dienstag', einen Ascher-(Grauen)Mittwoch und einen Roten Freitag gefunden. Ich glaube, Menschen verbinden Farben gern mit Tagen ohne wirklich darüber nachzudenken, denn es hilft ihnen, die Tage so wie ich zu sehen." Die Leichtigkeit, mit der Widener Farben und Wochentage miteinander kombiniert, erinnert an die einzigartigen Fähigkeiten der Synesthästiker, die der englische Autor Daniel Tammet in seinem Buch *Elf ist freundlich Fünf ist laut* hervorragend beschrieben hat: „Die Wissenschaft bezeichnet meine visuell-emotionale Wahrnehmung von Zahlen als Synästhesie, eine seltene neurologische Vermischung der Sinne, die in den meisten Fällen zu der Fähigkeit führt, dass man die Buchstaben des Alphabets und/oder Zahlen in Farbe sieht. Bei mir ist die Synästhesie so ungewöhnlich und komplex ausgeprägt, dass ich Zahlen als Formen, Farben, Stoffe und Bewegungen wahrnehme. Die Zahl Eins zum Beispiel ist ein strahlend helles Weiß, als ob mir jemand mit einer Taschenlampe direkt in die Augen leuchten würde. Fünf ist ein Donnerschlag oder der Klang von Wellen, die gegen Felsen branden."[13]

Es ist nicht nur das Verhältnis von Farben und Zahlen, sondern auch die räumliche Dimension, die hier auffällt und vielleicht einige originäre Verbindungen zwischen Zahlen und dreidimensionalen Gegenständen in Wideners Arbeiten zumindest teilweise erklären kann. Ich denke in diesem Zusammenhang besonders an Städte (*Megalopolis*) und Schiffe, die im Übrigen austauschbar zu sein scheinen und wie die Arche Noah scheinbar ganze Bevölkerungen in sich aufnehmen und transportieren können – ähnlich wie die Schiff-Flugzeug-Städte des deutschen Künstlers Hans-Jörg Georgi.

Wie Georgi, assoziiert auch Widener Zahlen, Farben und Gegenstände mit Bewegung und Beweglichkeit: „Ich glaube Montage sind in jedem von uns. In dieser Zeichnung bilde ich ein Schiff ab, weil ich an Bord eines Schiffes oder Flugzeugs immer entkommen kann, wenn es mir zu Blau wird. Wenn es mir irgendwo nicht gefällt, kann ich ein Schiff besteigen und verschwinden!" Dieser Satz sagt etwas über Wideners Leidenschaft für das Reisen aus. Mehrere Jahre lang hat der Künstler den Planeten bereist – oder ist mehrere Wochen in den Appalachian Mountains gewandert.

Wandern und träumen: „Die Fremdheit dessen, was du nicht mehr bist oder nicht mehr besitzt, erwartet dich auf der Schwelle fremder Orte, die du nicht besitzt."[14] In ihrem Essay „Temps perdu" [Verlorene Zeit][15] unterscheidet Céleste Olalquiaga zwischen „räumlicher Zeit" – der Zeit eines Raums – und dem „Raum der Zeit". Die „Zeit eines Raums" wäre Zeit, die sich verändert, d.h. die Geschichte einer Zivilisation oder einer Ära: „Die Zeit eines Raums nähert sich ihrem Ende. Sie stirbt. Sie hinterlässt ein Skelett, eine Ruine, die Vergangenheit. Räumlichkeit ist eine Frage der Zeit."[16]

Widener führt die Dimension des Ablaufs der Zeit und der Zerstörung nicht nur durch die Abfolge von Daten ein, sondern auch durch einen künstlich herbeigeführten Alterungsprozess, in dem er mit Hilfe von Tee übereinander geschichtete Papiertischdecken einfärbt, auf die er dann seine *Megalopolis* Darstellungen zeichnet.

Dieser sich unaufhaltsam auf ihr Ende hin bewegenden Zeit spürt Funes, der Protagonist in

Louis Borges' Roman, der die Fähigkeit hat, sich an jedes noch so kleine Detail zu erinnern, nach: „Funes unterschied ständig die ruhigen Fortschritte der Verwesung, der Karies, des Leidens. Er bemerkte das Fortschreiten des Todes, der Feuchtigkeit. Er war der einsame und geistesklare Beobachter einer vielgestaltigen, augenblicklichen und fast unerträglich deutlichen Welt."[17] Die große Datenmenge jedes Augenblicks muss reduziert werden, man muss auswählen, selektieren: „Er beschloß, jeden seiner vergangenen Tage auf 70.000 Erinnerungen zu beschränken, die er später mit Ziffern bezeichnen wollte. [...] Er überlegte, daß er in der Stunde seines Todes noch nicht einmal die Einordnung seiner sämtlichen Kindheitserinnerungen zu Ende gebracht haben würde."[18]

Da sich physische Gegenstände in jedem Augenblick verändern, besteht Funes auf der Notwendigkeit, zeitlich exakte Angaben zu machen, um ohne Ambiguität auf einen Gegendstand verweisen zu können. Borges' Geschichte stellt die noch immer nicht gelöste Frage nach der Kapazität des menschlichen Gehirns, nach seinem ungenutzten Potential. Auch George Widener beschäftigt sich mit diesem Problem; es war auch einer der Gründe für sein Treffen mit dem Savant Kim Peek, der zwar große Informationsmengen in seinem Gedächtnis speichern kann, dem aber die Begabung fehlt, sie „kreativ "zu nutzen, wie der von dem französischen Regisseur Bruno Decharme gedrehte Dokumentarfilm über George Widener zeigt. Widener selbst ist es gelungen, sich an die Fülle von Informationen zu erinnern: „Wenn mir etwas gefällt, dann erinnere ich es." Manchmal sind ihm Telefonbücher oder Bevölkerungszahlen das Wichtigste, um eine bestimmte Stadt zu beschreiben. Aber in den *Megalopolis* Zeichnungen verwendet er diese Informationen nicht unbedingt, sondern zieht Daten und ihre Permutationen vor. Der Permutationsvorgang führt eine gewisse Zirkularität der Zeit ein und kämpft damit gegen die Vorstellung von linearer Zeit.

Es ist diese Zirkularität oder das, was wir den „ewigen Rücklauf" nennen, der im Gegensatz zu der Zeit eines Raums, den „Raum der Zeit" charakterisiert: eine Art „Zeitlichkeit", die uns erlaubt, „in unseren Köpfen Burgen zu bauen, Konstruktionen mit dunklen Korridoren und isolierten Räumen, die durch geheime Kammern verbunden sind." Diese Zeitlichkeit ist grundsätzlich zirkular und durch obsessive Wiederholung gekennzeichnet, eine Episode, die wir uns immer wieder erzählen." Ein Mangel an Geschlossenheit, eine Unvollständigkeit. Ein Raum bewohnt von Erinnerungen und Wünschen, Träumen und Qualen – die Grammatik der Gedanken, mentale Maschine (das, was gewesen ist oder was hätte sein können), die Windungen unseres Gedankenspeichers, in dem wir „herumwandern wie in einer Bibliothek, die mit alten Büchern gefüllt ist."[19]

Die Dimension des Labyrinths, die Zirkularität, die in uns ist und die wir nach außen projizieren. Diese letzte Bemerkung führt uns in die Gegenwart der magischen Quadrate und Kreise in George Wideners Arbeiten.

Magische Quadrate und Kreise: Das Spannungsverhältnis zwischen linearer und zirkularer Zeit

Alles addiert sich natürlich, es ist wie ein Barometer historischer Ereignisse.
George Widener

Nach Experimenten ist es mir gelungen, die magischen Quadrate in Messinstrumente umzuwandeln, ähnlich wie Stromzählerkästen, so kann ich die Jahre und Ereignisse viel besser messen. Ich nenne diese Instrumente jetzt Jahresmesser oder Erdjahremesser.
George Widener

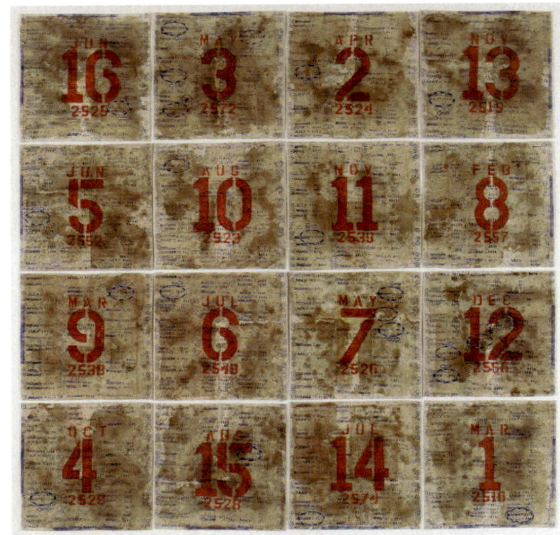

Abb./fig. 8 George Widener, *Magic Square (Robot Game)*, 2011, Mischtechnik auf Papier / mixed media on paper, 122 × 122 cm, Courtesy Galerie Susanne Zander

Eines der Hauptelemente, wenn nicht das wesentlichste Element, in Wideners Zeichnungen ist das magische Quadrat, das der Künstler manchmal in einen Kreis transformiert. Zu Beginn hat ihn das berühmteste magische Quadrat der Kunstgeschichte, das sich in Albrecht Dürers Kupferstich *Melancholia I* (1514) findet, inspiriert. Dieser Kupferstich (Abb. 7, S. 43) zeigt einen in Gedanken versunkenen Engel, der von einem Gewirr wissenschaftlicher Geräte umgeben ist. Das magische Quadrat befindet sich in der oberen rechten Ecke des Kupferstichs und die 86 Kombinationen von vier Zahlen in dem Quadrat addieren sich immer zu der Summe 34. Dürers magisches Quadrat ist das Beispiel eines magischen *Gnomons*, weil die Summe seiner vier Quadranten (und die Summe der vier mittleren Zahlen) immer 34 ergibt.

Widener erstellt keine magischen *Gnomons*, aber er stellt sicher, dass die Addition der vertikalen, horizontalen und diagonalen Zahlen immer die gleiche Summe ergibt (Abb. 8).

Der Künstler nimmt das Wort „magisch" ernst und ordnet diesen Zahlen eine prophetische Bedeutung zu: „Ich glaube, wenn alles sich aneinander ausrichtet, dann wird etwas passieren. Manchmal mache ich mir Sorgen darüber und frage mich, ob ich vielleicht die Zukunft damit beeinflusse, indem ich diese besonderen Quadrate mache."

Man denkt dabei unwillkürlich an die *Haruspices* der Antike – lateinisch *haruspex*, abgeleitet von dem estruskischen Wort *haru* „Eingeweide" und dem Verb *spicere „schauen"* – die angeblich durch die Beobachtung der Eingeweide, insbesondere der Leber, von Opfertieren die Zukunft vorhersagen konnten. Die in der Antike in Mesopotamien verwendete Leber von Schafen ruft ins Gedächtnis, dass hier eine der ältesten Darstellungen eines Labyrinths gefunden wurde, die Windungen eines geschnitzten Darms.

In seinen magischen Quadraten begnügt sich Widener nicht mit gewöhnlichen Zahlen, sondern spielt vorzugsweise mit Daten, die einen Bezug zu einem Wochentag oder einer historischen Persönlichkeit, zum Beispiel Queen Victoria oder John F. Kennedy, haben. In einigen Fällen verknüpft er sie auch mit Daten aus seinem eigenen Leben. Für das *Portrait of Queen Victoria* wählte Widener vier Daten: das Geburts- und Todesdatum, dann zwei seiner Ansicht nach signifikante Ereignisse: Erstens: am „29. Februar 1872, dem Schalttag, hatte ein Geistesgestörter versucht, die Königin [...] zu ermorden. Er versagte kläglich." Zweitens: am „4. März 1896, bei einem Dinner rettete die liebenswerte Königin einen indischen Rajah vor einer Blamage, indem sie ebenfalls aus ihrer Fingerschale trank." In Wideners autobiografischen Arbeiten gibt es eine Zeichnung mit dem Titel *My Birthday 2099.* Sie zeigt den Monat Februar, in dem die Zahl Acht mit einem Kreis umrandet ist – der 8.2. ist der Geburtstag des Künstlers – dann die Wochentage, auf die sein Geburtstag in den nächsten Jahren fallen wird. Die Liste endet mit der Notiz: „Werde TOT sein, wenn dieser Geburtstag eintritt."

Ein besonders interessantes Moment in Wideners Werk ist die Transformation des magischen Quadrats in den magischen Kreis. Nach esoterischem Verständnis ist das zirkulare Muster eine wiederkehrende Repräsentation, es versinnbildlicht Harmonie, das Absolute, das Göttliche, den Kreislauf der Natur. Im Fall von Widener könnte man vermuten, dass der Kreis die Idee der linearen Zeit zunichte macht, um die Idee der zyklischen Zeit wieder einzuführen. Es sind zwei grundsätzlich verschiedene Vorstellungen von Zeit, die nicht nur mit dem Unterschied zwischen der „Zeit eines Raumes" der äußeren Welt und dem „Raum der Zeit" unseres Unterbewusstseins übereinstimmen, sondern vor allem durch unsere unterschiedlichen Kulturen bestimmt werden. Auf der einen Seite steht die lineare Zeit mit dem prophezeiten Ende der Welt und dem Jüngsten Gericht, das paradoxerweise ein Gefühl für Geschichte hervorbringt. Auf der anderen Seite steht die östliche Vorstellung von Zeit als einem zyklischen Prinzip, das seinen Ursprung in der Agrarkultur und der Astronomie hat. Als wir im Westen das Jahr 2012 feierten, begann für die Menschen im Iran, die dem Sonnenkalender folgen, am 20. März 2012 das Jahr 1391. Für die Mathematikerin Nicole El Karoui unterscheiden sich die beiden Arten, die Zeit wahrzunehmen, in der Behandlung des Ausgangspunkts – des „Null"-punkts – insbesondere in der Art und Weise wie wir Vergangenheit, Gegenwart und Zukunft wahrnehmen: „Das formale Postulat von Zeit als zunehmend, selbst wenn es auf einem fantasievollen Anflug von Zufälligkeit beruht, lässt uns unausweichlich nach dem Ursprung der Zeit, der Null, fragen, von dem aus die Zeit sich zuerst zu bewegen begann. Die arabische

Zivilisation, eine Verfechterin der absoluten Null [...] begibt sich nicht in eine lineare Zeit, die sich bis in die Unendlichkeit fortsetzt, sondern eher in eine Zeit, die flexibel ist, die sich hinzieht und ausdehnt, aber immer wieder zu ihrem Ausgangspunkt zurückkehrt. Vergangenheit, Gegenwart und Zukunft verschlingen sich zu einer Arabeske."[20]

George Widener hinterfragt diese beiden Konzepte nicht explizit in seinem Werk, aber durch die Verwendung gewisser „zyklischer" Motive – sei es der magische Kreis, das magische Quadrat oder die Umstellung von Zahlen in Jahresdaten – die er den ansteigenden Datenreihen gegenüberstellt, illustriert er das Spannungsverhältnis zwischen diesen beiden Arten die Zeit wahrzunehmen, die Welt zu betrachten und unsere Existenz zu verstehen. Widener macht deutlich, dass die westliche Moderne mit ihrem verzweifelten Rennen in Richtung Zukunft und dem Schreckgespenst einer ultimativen Katastrophe immer noch in einer zyklischen Vorstellung gefangen ist, die man sich nicht eingesteht.

1 Jorge Luis Borges, „Die Schöpfung und P.H. Gosse", in: Gisbert Haefs/Fritz Arnold (Hrsg.), *Gesammelte Werke [Bd. 3], Essays, Inquisitionen. Vorworte,* deutsche Übers. Karl August Horst/Gisbert Haefs, München, 2003, S. 30.

2 Jorge Luis Borges, „Das unerbittliche Gedächtnis", in: Gisbert Haefs/Fritz Arnold (Hrsg.), *Gesammelte Werke [Bd. 5], Universalgeschichte der Niedertracht. Fiktionen. Das Aleph,* deutsche Übers. Karl August Horst / Wolfgang Luchting / Gisbert Haefs, München, 2000, S. 184–185.

3 Jorge Luis Borges, „Die Schöpfung und P.H. Gosse", in: Giesbert Haefs / Fritz Arnold (Hrsg.), *Gesammelte Werke [Bd. 3], Essays. Inquisitionen. Vorworte,* deutsche Übers. Karl August Horst / Gisbert Haefs, München, 2003, S. 30.

4 Roger Cardinal, „The Calendars of George Widener", in: *Raw Vision*, Nr. 51, London, S. 42–45.

5 *Erre. Variations labyrinthiques*. Ausst. Kat., Centre Pompidou-Metz, 12. September 2011 – 5. März 2012, Editions du Centre Pompidou-Metz, Metz, 2011, S. 193.

6 *Mathematics, A Beautiful Elsewhere*. Ausst. Kat., Fondation Cartier pour l'art contemporain, 21. Oktober 2011 – 18. März 2012, Fondation Cartier pour l'art contemporain, Paris, 2011, S. 92.

7 Le Nouveau Petit Robert, Dictionnaires Le Robert, Paris, 1996.

8 Roger Cardinal, a.a.O, S. 45.

9 Alle Zitate von Gianni Motti basieren auf einem Interview, dass zwischen Gianni Motti und Timothée Chaillou im April 2011 geführt wurde.

10 *Erre. Variations labyrinthiques*, a.a.O., S. 79.

11 Gilles Deleuze, Félix Guattari, *Tausend Plateaus. Kapitalismus und Schizophrenie*, Günther Rösch (Hrsg.), deutsche Übers. Gabriele Ricke / Ronald Voullié, Berlin, 1997, S.14.

12 Jorge Luis Borges, „Die zwei Könige und die zwei Labyrinthe", Gisbert Haefs/Fritz Arnold (Hrsg.), *Gesammelte Werke [Bd. 5],* a.a.O., S. 355.

13 Daniel Tammet, *Elf ist freundlich und Fünf ist laut. Ein genialer Autist erklärt seine Welt*, deutsche Übers. Maren Klostermann, Düsseldorf, 2007, S. 18–19.

14 Italo Calvino, *Die unsichtbaren Städte*, deutsche Übers. Heinz Riedt, München, 1984, S. 35.

15 Céleste Olalquiaga, „Temps perdu", in: *Erre. Variations labyrinthiques*, S. 182–184.

16 Ebd.

17 Jorge Luis Borges, „Das unerbittliche Gedächtnis", a.a.O., S. 187.

18 Ebd., S. 186.

19 Céleste Olalquiaga, „Temps perdu", S. 182–183.

20 *Mathematics, A Beautiful Elsewhere*, a.a.O., S. 82.

(S./p. 29)
Historisches Quellenmaterial / historic source material, 34 × 21 × 0,5 cm, Courtesy George Widener

Simple Multiplication

What is the product of 16358724 and 704006

```
        16358724
          704006
        --------
        98152344
    65434896
114511068
----------------------
11516639848344 Ans.
```

```
            704006
          16358724
          --------
           2816024
          1408012
         4928042
        5632048
       3520030
      2112018
     4224036
    704006
      --------------
Proof 11516639848344
```

What is the product of 921760035 & 520007091

```
          921760035
          520007091
          ---------
          921760035
       8295840315
     6452320245
  1843520070
4608800175
------------------------
479321754400408185 Ans.
```

```
             520007091
             921760035
             ---------
            2600035455
           1560021273
          3120042546
         3640049637
        520007091
       1040014182
      4680063819
  ------------------
  479321754400408185 Pf.
```

Simple M…

1. To multiply by … number in the fo… -ble of products.

Begin at the righ… -cand and multip… the multiplier, s… such products as … as are just equal … write down 0; an… next product; an… -tain number of… carry for the ten…

Exa…

Multiply 1234… -parately from …

```
   12345678…
   ---------
2)24691357…
   12345678…
   ---------
   12345678…
   ---------
3)37037036…
   12345678…
```

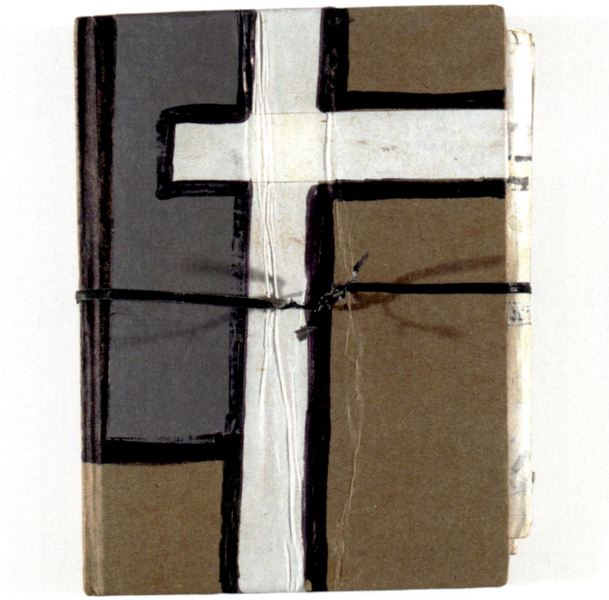

(S./pp. 30/31)
George Widener
Ohne Titel / Untitled (Notizheft / notebook), undatiert / undated
20 × 102 × 2cm (entfaltet / unfolded)
Courtesy George Widener

(S./p. 32)
Historisches Quellenmaterial / historic source material, 18,5 × 23 × 2 cm, Courtesy George Widener

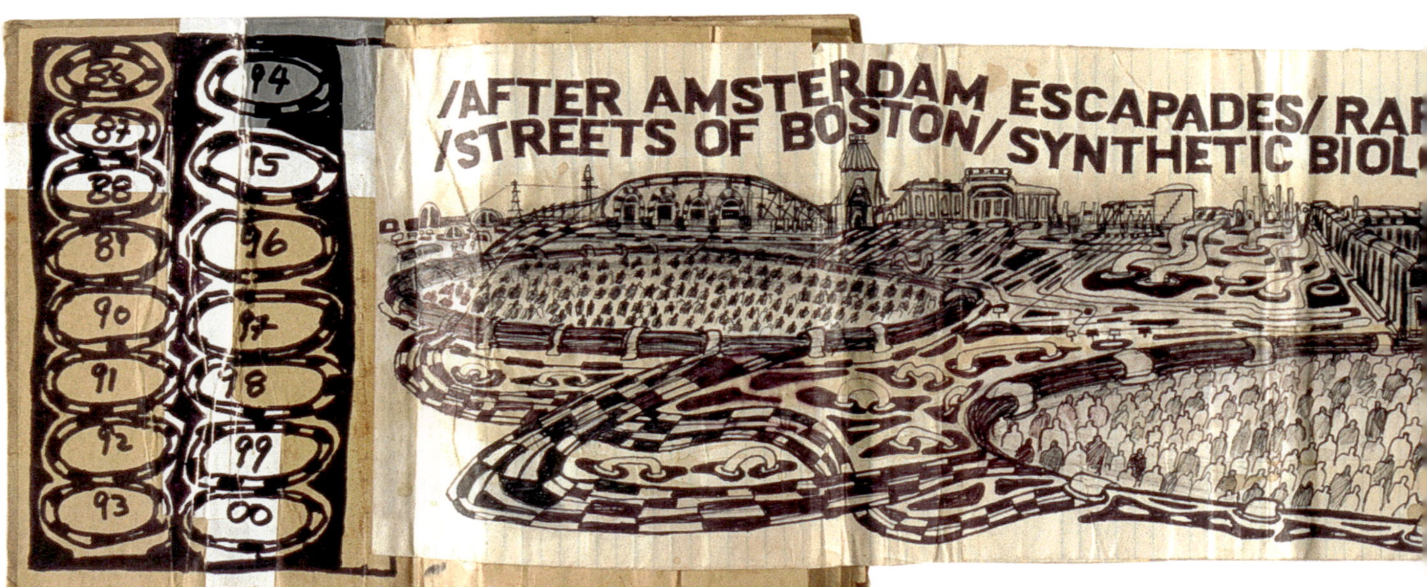

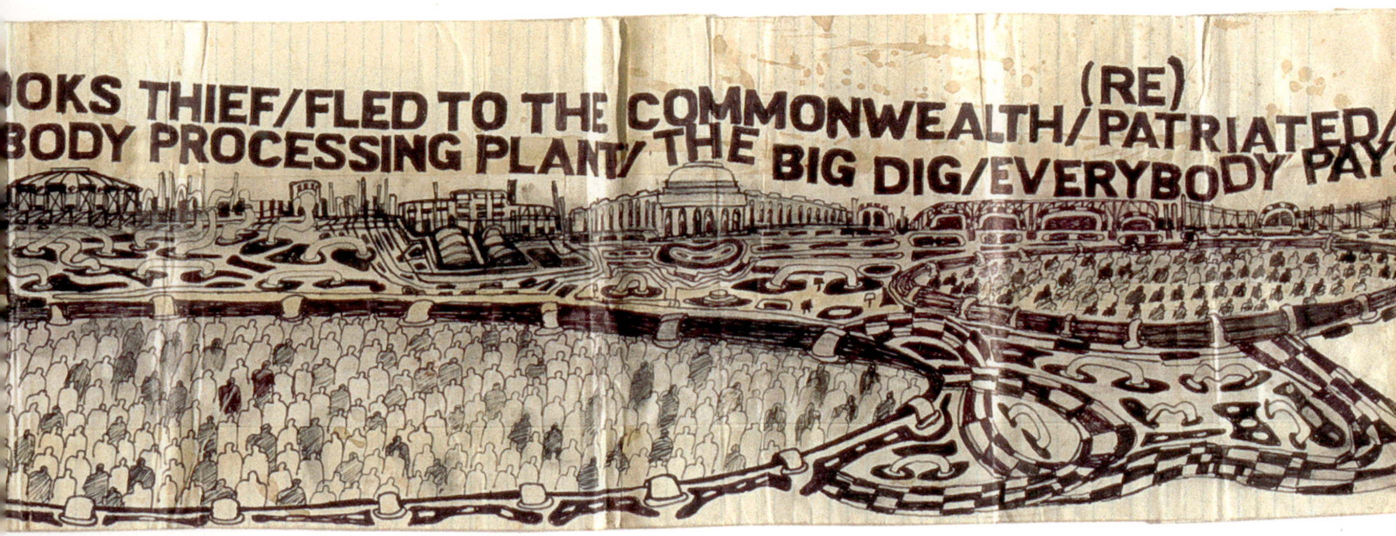
OKS THIEF/FLED TO THE COMMONWEALTH/(RE) PATRIATED/
BODY PROCESSING PLANT/ THE BIG DIG/EVERYBODY PAYS

Das Grosse Einmahl Eins.

1.

2 — 2
4

3 — 2 3
6 9

4 — 2 3 4
8 12 16

5 — 2 3 4 5
10 15 20 25

6 — 2 3 4 5 6
12 18 24 30 36

7 — 2 3 4 5 6 7
14 21 28 35 42 49

8 — 2 3 4 5 6 7 8
16 24 32 40 48 56 64

9 — 2 3 4 5 6 7 8 9
18 27 36 45 54 63 72 81

10 — 2 3 4 5 6 7 8 9 10
20 30 40 50 60 70 80 90 100

11 — 2 3 4 5 6 7 8 9 10 11
22 33 44 55 66 77 88 99 110 121

12 — 2 3 4 5 6 7 8 9 10 11 12
24 36 48 60 72 84 96 108 120 132 144

13 — 2 3 4 5 6 7 8 9 10 11 12 13
26 39 52 65 78 91 104 117 130 143 156 169

14 — 2 3 4 5 6 7 8 9 10 11 12 13 14
28 42 56 70 84 98 112 126 140 154 168 182 196

15 — 2 3 4 5 6 7 8 9 10 11 12 13 14 15
30 45 60 75 90 105 120 135 150 165 180 195 210 225

16 — 2 3 4 5 6 7 8 9 10 11 12 13 14 15 16
32 48 64 80 96 112 128 144 160 176 192 208 224 240 256

17 — 2 3 4 5 6 7 8 9 10 11 12 13 14 15 16 17
34 51 68 85 102 119 136 153 170 187 204 221 238 255 272 289

18 — 2 3 4 5 6 7 8 9 10 11 12 13 14 15 16 17 18
36 54 72 90 108 126 144 162 180 148 216 234 252 270 288 306 324

19 — 2 3 4 5 6 7 8 9 10 11 12 13 14 15 16 17 18 19
38 57 76 95 114 133 152 171 190 209 228 247 266 285 304 323 342 361

20 — 2 3 4 5 6 7 8 9 10 11 12 13 14 15 16 17 18 19 20
40 60 80 100 120 140 160 180 200 220 240 260 280 300 320 340 360 380 400

* *

0 0 0

THE WORK OF GEORGE WIDENER: The Art of Calculation, the Art of Building Mazes

Barbara Safarova

The future is inexorable, but may it not happen?[1]

"I have more memories in myself alone
than all men have had since the
world was a world. [...] My memory, Sir,
is like a garbage disposal."
Jorge Luis Borges, *Funes the Memorious*[2]

According to Jorge Luis Borges, "The future is inexorable, precise, but it may not happen."[3] This phrase has become the subject of numerous scientific publications that question the transformations of the environment, the possibilities to avoid disasters. It is also at the heart of many artistic productions. Can we, by anticipating disasters, loop time differently to avoid them? Can we intervene in a world that is ill-fated? Were we to believe George Widener, it does not seem to be the case, it is rather the opposite: information about future catastrophies are already contained in our calendar and it is perhaps even by handling certain dates, by aligning them side by side, that we set them in motion.

George Widener likes to calculate, to invent diagrams and codes, to deal in complex systems of numbers and letters. His works have a certain resemblance to maps because they give form to phenomena related to our mental operations.[4] In the face of these representations of system theories, the categories of classical art history quickly prove insufficient. Widener is not the first artist whose works question the limits of art. He shares some affinities with other conceptual artists who give form to systems shaping our perception of the world or who attempt to visualize power structures. To mind comes the German artist Hanne Darboven and her work *One Month, One Year, One Century* (1971), 402 books containing a series of figures extrapolated from a single date; or On Kawara and his audio-presentation of *One Million Years* (1969). Kawara also marks on his calendars every day of his life with a yellow dot, then adds a green or red dot depending

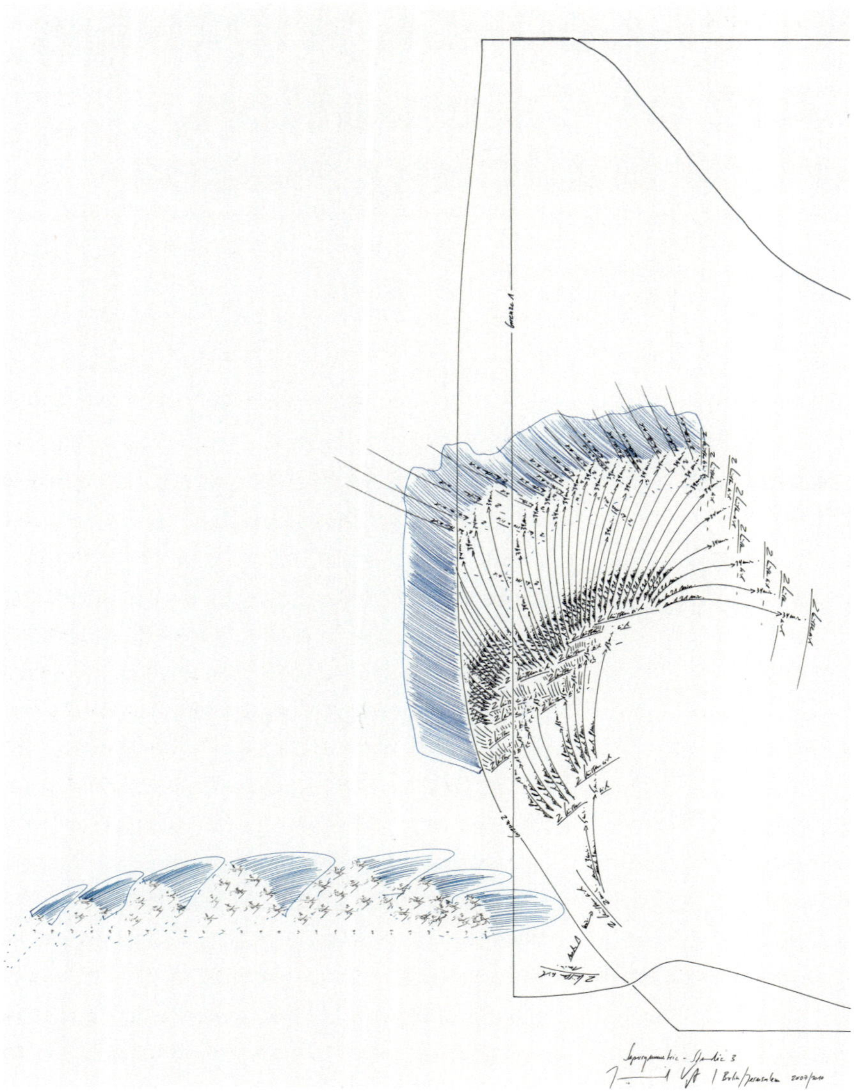

Abb./fig. 2
Jorinde Voigt
Supersymmetrie-Studie 3, 2010
Tinte und Bleistift auf Papier/
ink and pencil on paper,
61 × 46 cm
Courtesy Galerie Christian
Lehtert, Köln/Cologne

on whether he has finished one or more paintings. Among contemporary artists we could also mention Mark Lombardi and his diagrams of the systems of financial corruption (fig. 1, p. 17); Evariste Richer, the world seen from the angle of its climatic components; Laurent Derobert and his equations; Claude Closky and his *The First Thousand Numbers Classified in Alphabetical Order* (1989); or Jorinde Voigt, who develops in her drawings graphic algorithms, diagrams trying to summarize in coded language phenomena in the world that surrounds us (fig. 2, p. 34). Compared to these artists one could argue that Widener, too, attempts to identify signs of reality which he reappropriates to transform them in a process nurtured by strong scientific interest and rather ironically.

Inventing a new organizing principle of reality can also be a literary experience. We are thinking of the spatial games in Georges Perec's novel *Life: A User's Manual* [*La Vie mode d'emploi*, 1978], structured like a chessboard of 100 boxes – 100 rooms of a Parisian building – which the story covers in accordance with the movement of the knight: "Such movement allows one to stop on each box, except one: there is in this maze a missing piece, which might enclose the key to the novel..."[5] Or *An Attempt at Exhausting a Place in Paris* [*Tentative d'épuisement d'un lieu parisien,* 1975], in which the same author attempts to take note of everything that he observes, during three days, at the Place Saint-Sulpice, in order to establish an exhaustive list.

In his works Widener uses similar methods to those employed by Perec, whether it is a process governed by an organizing principle or the enumeration of certain details. Enumerate in order to "think" – since the Renaissance humanity has been interested in the "theaters of memory", real systems of apprehending the world. Widener proceeds in a similar way when he establishes his lists. However, in contrast to Perec's attempt at completeness or the Renaissance "memory aids" – which Widener does not need because his memory capabilities are far beyond those of his contemporaries – the artist rather seems to aim at the contrary: to apprehend an object or a historical phenomenon, whether it is related to world history or his personal story, to distill its essence through only a few key numbers or dates.

However, George Widener's calculations become progressively more complex. While in his early works the artist played on the permutation of numbers in dates which function as "palindromes" – figures of speech referring to a text or word in which the order of letters is the same when read from left to right or right to left – now he has moved to a more complex encoding: "I am here encoding the Sundays of January '72 for the letter A. I then go on to the next sequence of years/days for the B substitution. The red / black rectangles hint at where to scan on the picture plane among thousands of other dates to find them embedded. In this way letters and words can be formed."

To discover the world through calculations is the main task of mathematicians, with the central question: "Does the work of mathematics consist in *inventing* things or *discovering* them? [...] The French mathematician Gustave Choquet formulated this beautifully by saying that the theorem one is seeking has existed from time immemorial, but that in order to *discover* it, one must *invent* a path."[6] Deconstructing objects in numbers to encode them again in a new act of creation: is that the art of transforming the disasters?

Future disasters and the final catastrophe: 12/21/2012

Catastrophe – "upheaval, the last and principal event, accident or occurrence causing the death of many people." But also the "theory of catastrophes": "a theory which, from empirical observations of a system or discontinuous process, attempts to construct a dynamic continuous model."[7] "Disasters have a natural attraction to me for some reason," says Widener in one of his interviews.[8] In his works, the artist seems particularly interested in plane crashes (cf. *Sunday's Crash*). Establishing a list of the planes that crashed on Sundays and aligning the dates of these past catastrophes apparently allows him to determine the dates of future accidents, thus developing a completely original "theory of catastrophes": "Sundays again in one hundred years and one day. Avoid flying on: January 18, 2065; October 25, 2071; December 22, 2080; March 13, 2050; November 16, 2066; October 27, 2075 [...]."

Then there are the shipwrecks; we might think that they belong to the past, largely outweighed by the spectacular aviation accidents. However, recent events indicate the contrary, with the semi-sinking of the cruise ship *Costa Concordia* near the Italian island of Giglio in January 2012.

"Concordia, Concordia" has even become the theme of Thomas Hirschhorn's exhibition (Gladstone Gallery, New York, September 14 – October 20, 2012) which presents the apocalyptic image of the interior of the ship lying on its side. For Hirschhorn, the images of the half-sunken ship disseminated after the disaster represented the "uncertainty and precariousness of the past, of the present moment, and of the future", "the form of our contemporary disaster" *par excellence*. "Get back on board, captain!" is what the coast guard officer shouted at the captain, now in the process of being sued for multiple homicide by negligence, shipwreck, and for abandoning his ship. This phrase symbolizes also the impossibility of a safe place, it announces the coming disaster. "When something is too *big*, it must *fail*" refers not only to the "temple of luxury and entertainment" represented by the Costa Concordia but, above all, by its iconic predecessor, the Titanic. The Titanic, *King of the World*, is the subject of a number of Widener's drawings, mostly showing the boat section combined with several other images such as a propeller, a lifeboat, an anchor. That said, Widener's Titanic is less represented by the image itself than rather defined by the accumulation of numbers revealing the quantity of food on the ship ("75,000 lb meat, 25,000 poultry, 7,500 lb bacon, 1,000 lb grapes, 10,000 lb sugar, 3,500 lb tomatos, 40,000 lb potatos [...]"), the exact number of furnaces and propellers, its watertight compartments, and lifejackets. Furthermore, the description of the disaster itself: "Iceberg hit at 11:40 p.m., sinks at 1:20 a.m. 15,234 souls lost, 306 bodies recovered."

Widener's fascination with the sinking of the Titanic is also more personal; it was during his research on the ship's fatal voyage that the artist found out that among the missing passengers was also a certain George Widener. This incident represents for him in some way the announcement of his own end, a major concern, as is shown in a note dated from April 10, 2004: "Today I am 15,402 days old. How old will I be when I die?"

Finally, "what can bring more sense to humanity, against time, than our own demise with the annihilation of all things?" According to the artist Gianni Motti, "Mankind has always been fascinated by dates predicting our total annihilation, the end of life on earth, the end of time, the apocalypse. As if we were desperate to know the meaning of life before the end of it all."[9] For Motti, this ultimate disaster will occur in a far away future, as is suggested by his *Big Crunch Clock* (1999), a black digital clock with twenty red numbers counting down the years that separate us from the explosion of the Sun – billions of years to tenths of seconds.

"By studying the Big Bang some scientists launched the Big Crunch theory – meaning from the slump of the universe. This is, in a way, a "Big Bang in reverse." [...] After the Big Crunch, a new Big Bang could occur and give birth to another universe, an infinite succession of universes – Big Crunch to Big Bang, then Big Crunch again, and so on."

For Widener, the end of humanity could be much closer; in some works he situates it, similarly to the Egyptians, the Mayans, the Hopi Indians or the prophet Michel de Nostredame known as Nostradamus, at the end of the year of the "three eclipses," 12/21/2012. This is reflected in one of his magic squares (fig. 3, p. 38), for which Widener used as a support a book written by a military officer at the end of the Second World War, a certain Captain Chester (cf. page no. 1 at the center of the drawing): "It was rescued from being thrown away from the Library of Congress by a rare books dealer from whose dusty shelf I rescued it [...] Well, what I did was simply go through it and find some key words. I make the case that it contains a hidden message that could be linked to all of the end of world hype of 12/21/2012. It's clear the guy is making all kinds of strange links [...] It could have been written by L. Ron Hubbard or someone [...] It shows that you can produce a conspiracy theory from almost anything if you are so inclined [...] But maybe in this writing there really is a code."

"To think is to enter the labyrinth."

What is a labyrinth? Most of us think immediately of Crete and the Minotaur. However, we must admit that in the field of labyrinthine constructions, archeologists have not discovered anything convincing, either in Crete or elsewhere. Is there really any labyrinthine structure to be discovered? Should we not rather look elsewhere, within ourselves? Labyrinth – an intricate network of winding paths, galleries, difficult to find one's way out of. And if it was the human brain, this complex network of neurons and synapses, which would be the ultimate maze?

This can be seen in the image by Gautier d'Agoty (around 1716–1785), which shows the distribution of vessels in various parts of the head (fig. 4, p. 21). Moreover, according to Cornelius Castoriadis, "to think is to enter the labyrinth." But the object-maze is characterized by a double dimension, "it is a labyrinth and a thread both entangled with one another. It symbolizes in one diagram the complexity of the world and the power of the mind which approaches it with simplistic tools.

Abb./fig. 3 George Widener, *Magic Square 12-21-2012 (Conspiracy)*, 2012, Mischtechnik auf Papier / mixed media on paper, 152,4 × 114,3 cm, Courtesy Ricco/Maresca Gallery, New York

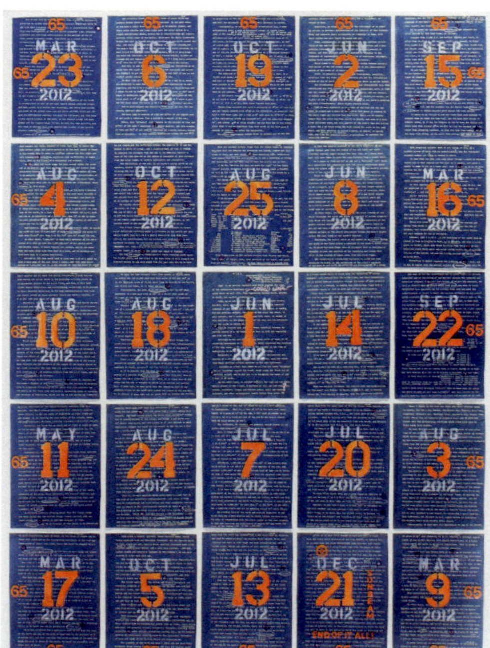

We can say that the original object-labyrinth is an oxymoron, a graphic oxymoron of philosophical nature: *casa mentale*."[10]

How does the object-maze work? Widener continues to show us, through his art work, the extraordinary capacities of the brain, he makes us travel through his head, rejoicing in its characteristics. Through his games with time, the artist demonstrates his memory and his gift for the most complex calculations. He shares here to a certain extent a similar interest with Thomas Hirschhorn, collaborating with the German philosopher Marcus Steinweg on developing large geographical maps-charts (fig. 5, p. 22). The goal of these maps is to show what happens inside the brain in action, how meanings take shape before becoming a concept: "Writing has nothing to do with signifying, but with striding along, mapping, even countries to come."[11]

Without cunning or intelligence, the center of the maze is unreachable. This will also give to the symbolical labyrinth its initiatory character and transform it to a structure open to multiple fields of knowledge and a plurality of meanings. Borges gives us the following definition of the labyrinth: a vast desert "where there are no stairs to climb, nor doors to force, or walls preventing a passage."[12] An empty center defining the labyrinth, which could then be reduced to a center of infinity? Except that Widener adds in the center of his "mazes"-maps an answer, in the form of the initials of each day of the week: SMT WTFS (fig. 6, p. 39). What is the role of the days of the week in this spatial configuration? Can we find the ultimate answer in the calendars?

"Reading" calendars, cities, and ships

> Living on this earth, we all have the impression that time is synchronous, that it is the same for everyone. But that is a completely false impression. Different cultures have different ways of perceiving time. Time is not a universal concept. It does not represent the same thing for each person.
>
> Takeshi Kitano, "Science is My Favourite Hobby," in: *Mathematics, A Beautiful Elsewhere.*

Can we predict our future if we know how to manipulate the numbers in the dates? Is there a mathematical formula that would be at the heart of all events governing world history and personal history? According to Widener, "calendars do strange things ..." His love for the calendar dates from his childhood; he started to collect them at a very early age, sometimes even taking them from school. Widener can immediately associate a particular date with a day of the week, and this for the next 80,000 years. It is this dual dimension – the date of the day and year linked with the day of the week – that characterizes the search at the heart of Widener's production.

Sometimes the artist uses the following association – date, weekday – to invent a code, where the

Abb./fig. 6 George Widener, *Square One with Labyrinth*, 2009, Tinte auf Papier / ink on paper, 79,4 × 82 cm, Courtesy Ricco/Maresca Gallery, New York

date works as a substitute for a letter: "a letter substitution cipher, using revolving sequences of dates, for example the Sundays of 1972 to represent the letter 'A'. [...] The Mondays of next year, perhaps 2029 (has a calendar relation to 1972), for the letter 'B'. [...] It is when they are fitted into other sequences of dates (in specific areas of the picture) and do not 'fit' with the sequence, for example, some Mondays of 1972 into a sequence of Wednesdays of 1975 that it is allowed to become a letter. In this way I can embed secret messages into pictures for future machines which will be able to scan, record and process the pictures."

Rather than coding messages, from time to time Widener plays only on the creation of links between a particular weekday and different dates. We have already noted that it is the "S" of

"Sunday" with which the artist starts the annotation of his week sequence, to finish on a second "S", the "S" of Saturday. For Sundays, Widener has even created an entire month, the *Month of Sundays*, transforming the popular proverb "Not in a month of Sundays!" (meaning not in a very long time, never) in a diagram, a literal interpretation. Fridays also play an important role because, according to the artist, "a lot of historical events happen on Fridays."

Nevertheless, it is Monday and its association with the color Blue – "Blue Monday" – that is of particular importance to the artist. In his works, Widener plays on the two meanings of "Blue", the color as well as the "feeling blue" (a certain sadness): "I have seen the term 'Blue Monday' in some literature I was reading and thought about what they were talking about because what I was seeing in my head constantly was the different 'Mondays' in the color Blue. There are 52 Mondays in a year, 5,200 Mondays in a century or nearly 15 years of pure Mondays. They line up in different ways. But of course the Monday comes after the weekend days Saturday and Sunday and it is sometimes a sad day for people because they have to go back to their job after a relaxing Sunday. That is why it is called Blue, like 'Playing the Blues'."

The combination of a color with a weekday is not restricted to Monday only: "I have also read of a 'Black Tuesday', an Ash (gray) Wednesday and even a Red Friday. I believe people like to put colors with the days without even thinking about it because it helps them see the days like I do."

The ease with which the artist combines color with a weekday recalls the unique capabilities of synesthesia, so well described by the English writer Daniel Tammet in his book *I was born on a Blue Day*: "Scientists call my visual, emotional experience of numbers synaesthesia, a rare neurological mixing of the senses, which most commonly results in the ability to see alphabetical letters and/or numbers in colour. [...] I see numbers as shapes, colours, textures and motions. The number one, for example, is a brilliant and bright white, like someone shining a torch beam into my eyes. Five is a clap of thunder or the sound of waves crashing against rocks."[13]

It is not only the relationship between color and number that is striking here but also the spatial dimension, which might partly explain some original links between numbers and three-dimensional objects in Widener's works; we are thinking here specifically of the cities (*Megalopolis*) and the ships. Incidentally, cities and boats seem interchangeable; each time they are seen as a kind of Noah's Ark, which could contain and transport entire populations, similarly to ships-planes-cities of the German artist Hans-Jörg Georgi.

Like Georgi, Widener, too, associates numbers, colors, and objects with motion and mobility: "Mondays are inside everybody I think. I make a ship with this drawing because I can always get away on a ship or a plane in case it is too blue. If I don't like it somewhere, I can get on the ship and get the hell out of there!" This quote also reflects Widener's passion for traveling. For several years, the artist has been traveling around the planet – when he does not devote himself to walking, for several weeks, in the Appalachian Mountains.

Wander and dream: "The strangeness of what you are not anymore or you do not possess anymore is waiting for you in passing through strange places that you never possessed." [14] In her essay "Temps perdu" [Lost time], [15] Céleste Olalquiaga distinguishes between "spatial time" – time of a space – and the "space of time." The "time of a space" would be time that changes, that is to say, the history of a civilization or an era: "The time of a space comes to an end. It dies. It leaves behind a skeleton, a ruin, the past. Spatiality is a matter of time."[16] The passage of time, destruction – George Widener introduces this dimension not only through the succession of dates, but also through the process of support aging by means of tea, coloring superimposed tablecloth papers, on which he draws his *Megalopolis*.

This time evolving inexorably towards its end, Funes, the main character of the story by Jorge Luis Borges, who has the ability to remember everything, feels it with great acuteness: "Funes could continuously make out the tranquil advances of corruption, of caries, of fatigue. He noted the progress of death, of moisture. He was the solitary and lucid spectator of a multiform world which was instantaneously and almost intolerably exact."[17] The multitude of data at every moment must be reduced, one has to make choices, select: "He determined to reduce all of his past experience to some seventy thousand recollections, which he would later define numerically. [...] He knew that at the hour of his death he would scarcely have finished classifying even all the memories of his childhood."[18]

As physical objects change at any time, Funes insists that in order to refer to an object without ambiguity, it is necessary to specify the exact time. Borges' story raises the unresolved question of the capacity of the human brain, its untapped potential. Widener, too, feels concerned with this issue; it has motivated his encounter with Kim Peek, a savant with the ability to memorize a huge amount of information, but without the ability to use it in a "creative" way, as is shown in the documentary film on Widener by the French filmmaker, Bruno Decharme. As for his own memory, Widener has succeeded in managing the wealth of information he remembers: "If I like it then I remember it." Sometimes it is the telephone directories or census of the population that are the most important to him in order to describe an existing city. However, in his drawings representing the *Megalopolis* he does not necessarily use this information, preferring the dates and their permutations. The permutation procedure introduces a certain circularity of time, thus fighting the notion of linear time contained in the rising successions of dates.

It is this circularity or what we could call "eternal return" that, contrary to the time of a space, characterizes the "space of time": a kind of "temporality" that allows us to build "castles in our heads, constructions filled with dark corridors and isolated rooms connected by secret chambers." It is basically circular, characterized with "obsessive repetition, an episode which we retell ourselves over and over." A lack of closure, an incompletion. Space inhabited by memories and desires, dreams and torments – the grammar of thoughts, mental machine (that which has been or what could be), the convolutions of our mind store in which we "wander around like in a library full of old books."[19]

The dimension of the labyrinth, the circularity, which is inside us and which we project on the outside. This last remark brings us to the presence of magic squares and circles in the works of George Widener.

Magic squares and circles: the tension between linear and circular time

Everything adds up of course, it's like
a barometer for history events.
George Widener

I have succeeded after many experiments to
turn the magic squares into a measuring device,
much like an electric meter box. In this way,
I can do much better measurement of years and
events. So I call these devices year meters
or earth year meters now.
George Widener

One of the major elements, if not the essential element in Widener's drawings is the magic square, which the artist sometimes transforms into a circle. Initially, he was inspired by the most famous magic square in the history of art, that of Albrecht Dürer in his engraving *Melancholia I* (1514). Dürer's engraving (fig. 7, p. 43) shows a figure with wings, absorbed in thought, surrounded by a jumble of scientific equipment; the magic square is in the upper right corner of the engraving and its eighty-six combinations of four numbers in the square all add up to the sum of thirty-four. Dürer's magic square is an example of a *gnomon* magic square because the amount in each of four quadrants (as the sum of four middle numbers) are all thirty-four.

As to Widener, he does not create magic *gnomons*, but he makes sure that in his magic squares the numbers added up vertically, horizontally, and diagonally give the same sum (fig. 8, p. 26).

The artist takes the word "magic" seriously, assigning these numbers divinatory meaning: "I think if it all lines up it will happen. I worry sometimes about these, wondering if I am somehow affecting the future by making these particular squares." We cannot help thinking of the ancient *haruspices* – Latin *haruspex*, built from the Etruscan word meaning "entrails", *haru*, and the verb "look", *spicere* – who claimed to be able to foretell the future by the observation of the entrails of a sacrificed animal, especially its liver. The liver of sheep used in ancient Mesopotamia recalls that it is also there that we find one of the oldest

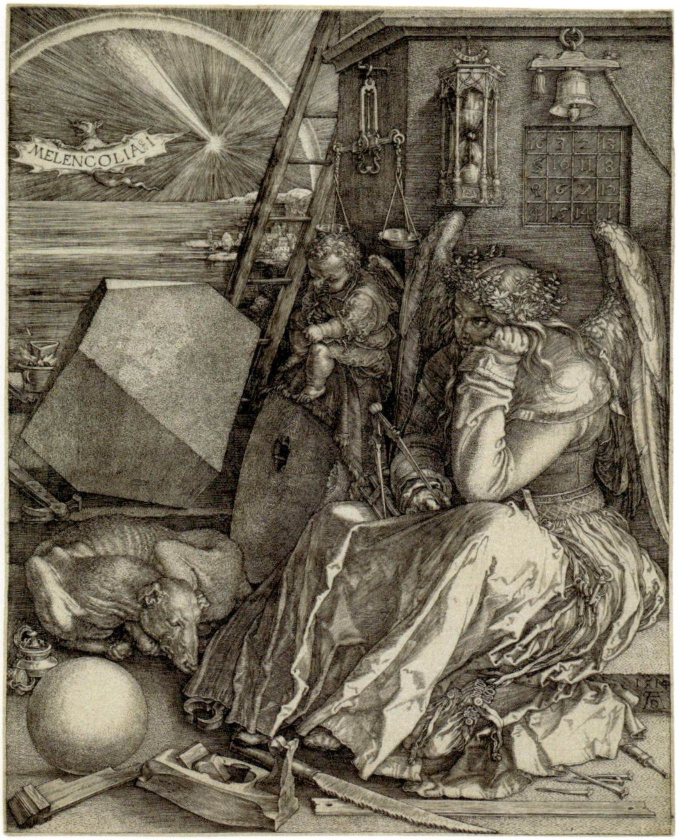

Abb./fig. 7 Albrecht Dürer, *Die Melancholie*, 1514, Kupferstich/engraving, 24 × 18,7 cm, Städel Museum, Frankfurt am Main, Graphische Sammlung (Foto/photo © Städel Museum – ARTOTHEK)

images of the labyrinth, in the convolutions of a carved intestine.

In his magic squares, Widener does not make do with ordinary numbers but prefers to play with the dates associated with a weekday or a historical personality, whether it is Queen Victoria or John F. Kennedy, sometimes even linking the dates to his own life. In the *Portrait of Queen Victoria*, Widener chose four dates: the date of birth and death, then two other significant events in his eyes: "February 29, 1872 – On the Leap Day, a deranged lunatic attempts to assinate [...] the Queen. He fails miserably." As to the second: "March 4, 1896 – The gracious Queen saves an Indian Rajah from embarrassment at dinner by drinking from her finger bowl as well." As for his autobiography, there is for example the drawing entitled *My Birthday 2099.* It shows the month of February, with a circle around the number eight, the artist's date of birth, then the weekdays, on which his birthday falls in the following years. The list ends with the note: "Will be DEAD when this birthday comes along."

The interesting point of Widener's work is the transformation of the magic square into a magic circle. To stay in the esoteric, the circular pattern is a recurrent representation, it symbolizes harmony, the absolute, the divine, the cycle of nature. In Widener's case, one might think that the circle again defeats the idea of linear time to re-introduce the idea of cyclical time. These are two quite different conceptions of time, which correspond not only to the difference between the "time of a space" of the outside world and the "space of time" of our unconscious, but are primarily conditioned by our cultures. On the one hand, the linear time with the announced end and the final judgment, which paradoxically provides a sense of history. On the other, the Eastern conception of time as a principle of cyclicity, born of agriculture and astronomy. Moreover, when we

Westerners have celebrated the year 2012, Iran, the observer of the solar calendar, started the year 1391 (March 20, 2012). For the mathematician Nicole El Karoui, the two ways of perceiving time differ in treating the problem of the point of origin – the "zero" point – but especially in the way in which we perceive the past, present, and future: "But this formal postulate of time as increasing, even if it is endowed with a fanciful touch of randomness, inevitably poses the question of the origin of time, of the zero, from which time first began to move. Arab civilization, which is the advocate of absolute zero [...] does not situate itself in a linear time extending into infinity, but rather in a time that is elastic, that stretches and stretches, but always ends up coming back to its point of departure. Past, present, and future intertwine in an arabesque."[20] George Widener does not question explicitly those two concepts in his works, yet through the use of certain "cyclical" motifs – whether it is the magic circle or square, the swapping of the numbers in years – juxtaposed with the rising succession of dates he illustrates the tension between the two ways of conceiving time, of looking at the world, of perceiving our existence. He demonstrates that Western modernity with its frantic race towards the future and the specter of the ultimate catastrophe is still caught in undisclosable cyclical conception.

1 Jorge Luis Borges, "The Creation of P. H. Grosse," in: *Other Inquisitions*, 1937–1952, University of Texas Press, Austin, Texas, 1975, p. 23.
2 Jorge Luis Borges, *Funes The Memorious*, transl. by Anthony Kerrigan, ed. by John Stuck, Alfred A. Knopf, New York, 1993, pp. 81–91.
3 Jorge Luis Borges, "The Creation and P. H. Gosse," p. 23.
4 Roger Cardinal, "The Calendars of George Widener," in: *Raw Vision*, no. 51, Raw Vision, London, pp. 42–45.
5 *Erre. Variations labyrinthiques*. Exh. cat., Centre Pompidou-Metz, September 12, 2011 – March 5, 2012, Editions du Centre Pompidou-Metz, Metz, 2011, p. 193.
6 *Mathematics, A Beautiful Elsewhere*. Exh. cat., Fondation Cartier pour l'art contemporain, October 21, 2011 – March 18, 2012, Fondation Cartier pour l'art contemporain, Paris, 2011, p. 92.
7 *Le Nouveau Petit Robert*. Dictionnaires Le Robert, Paris, 1996.
8 Roger Cardinal, *op. cit.*, p. 45.
9 All quotations by Gianni Motti are based on the interview between Gianni Motti and Timothée Chaillou, April 2011.
10 *Erre. Variations labyrinthiques*, *op. cit.*, p. 79.
11 Gilles Deleuze, Félix Guattari, *Mille Plateaux,* Editions de Minuit, Paris, 1980, p. 11.
12 Jorge Luis Borges, "Les deux roix et le labyrinthe," in: *Œuvres complètes I*, Gallimard, Paris, 1999, p. 644.
13 Daniel Tammet, *Born on a Blue Day. A Memoir of Asperger's and an Extraordinary Mind*, Hodder & Stoughton, London, p. 3.
14 Italo Calvino, *Les Villes invisibles*, French translation by Jean Thibaudeau, Editions du Seuil, Paris, 1974, p. 37.
15 Céleste Olalquiaga, "Temps perdu," in: *Erre. Variations labyrinthiques*, *op. cit.,* pp. 182–184.
16 Ibid., pp. 182–184.
17 Jorge Luis Borges, *Fictions, Funes ou la mémoire*, Paris: Gallimard, new expanded edition 1983, coll. Folio, p. 117.
18 Ibid., pp. 116–117.
19 Céleste Olalquiaga, "Temps perdu," *op. cit.*, pp. 182–183.
20 *Mathematics, A Beautiful Elsewhere*, *op. cit.,* p. 82.

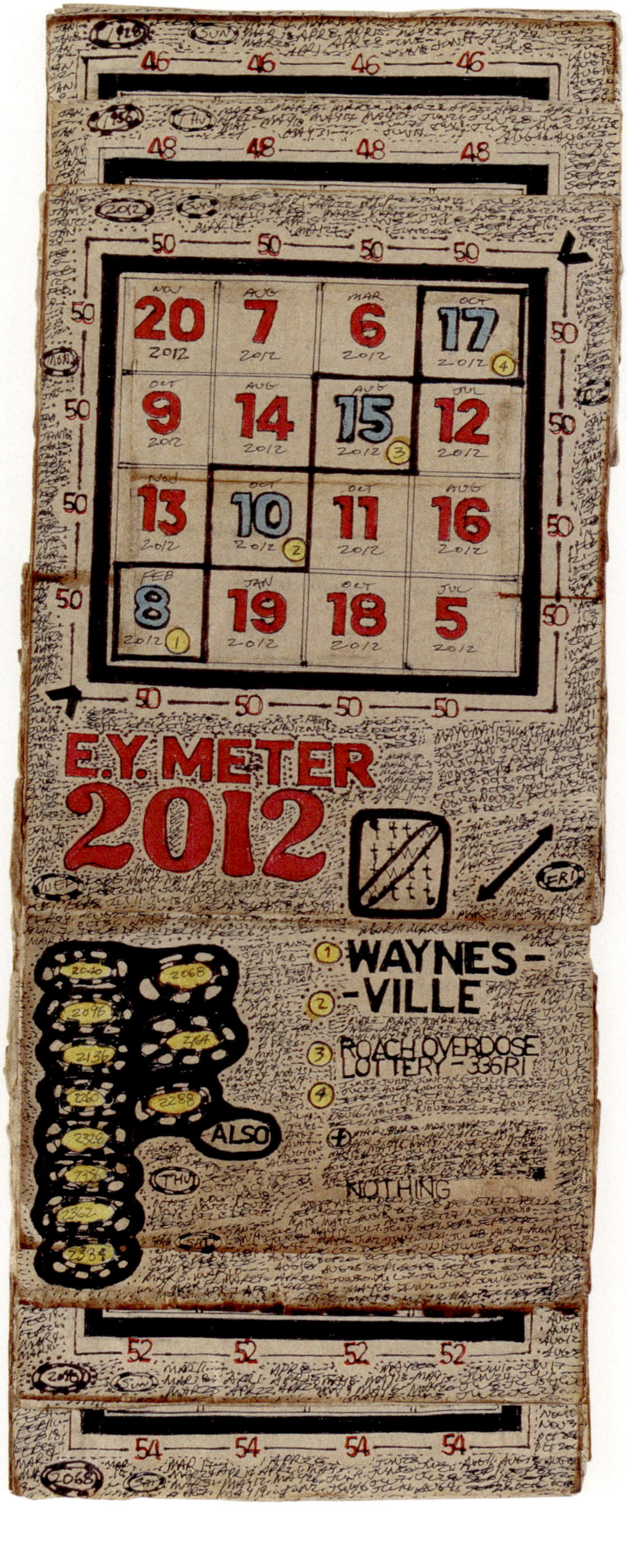

E.Y. METER
2012
WAYNES-
-VILLE
ROACH OVERDOSE
LOTTERY - 336R1
ALSO
NOTHING

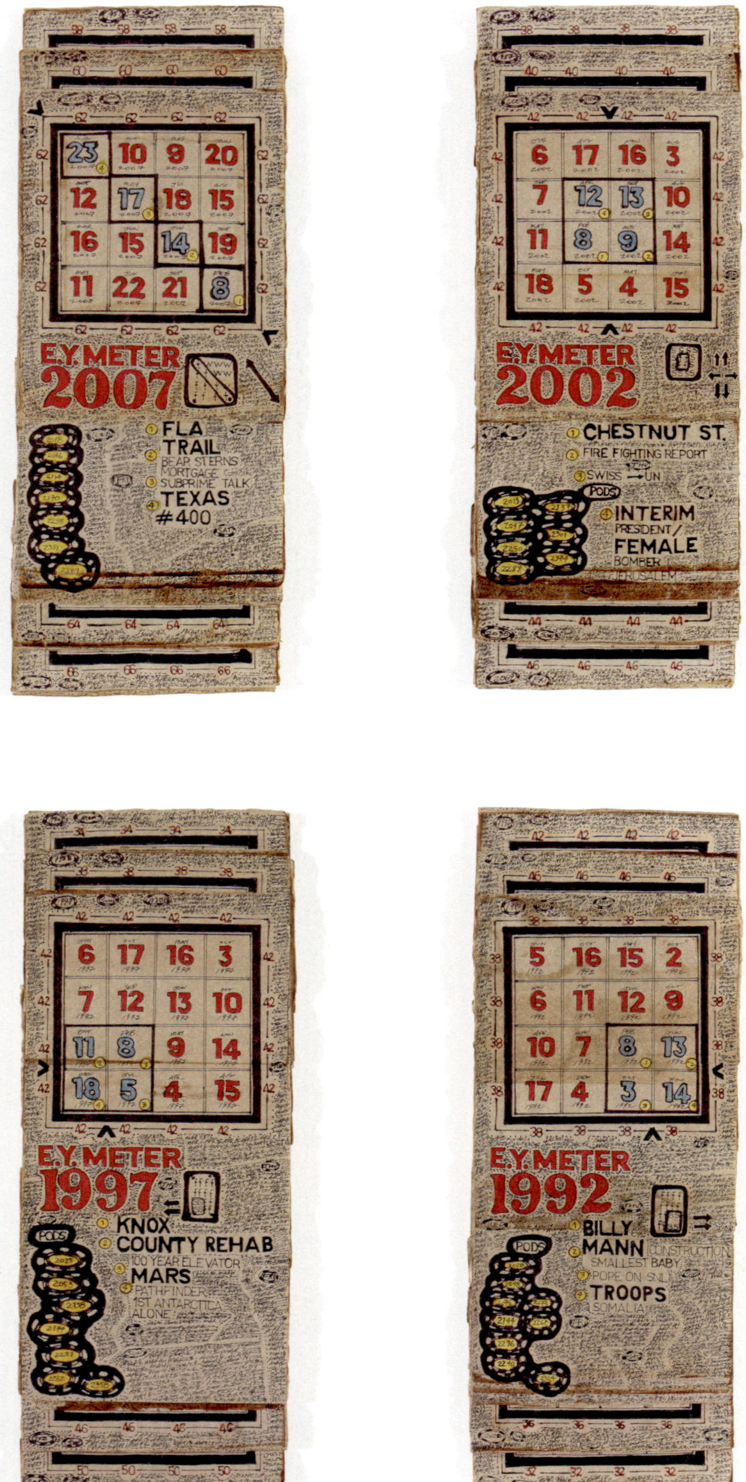

(S./pp. 45–47)
Ohne Titel / Untitled, 2012
11-teilig / 11 pieces,
jeweils / each ca. 45 × 17 cm
Courtesy George Widener

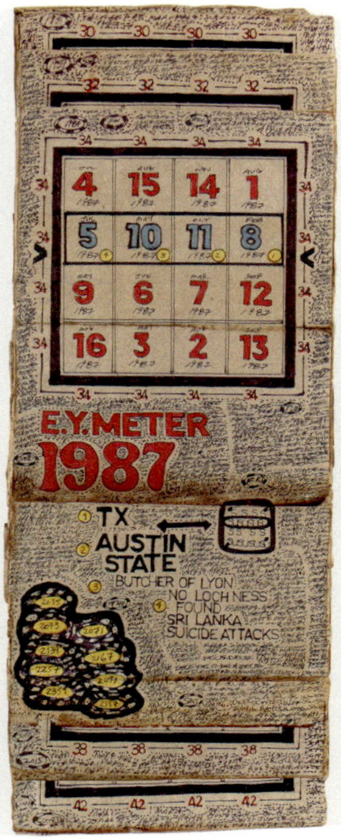
E.Y.METER
1987
TX
AUSTIN STATE
BUTCHER OF LYON
NO LOCH NESS FOUND
SRI LANKA SUICIDE ATTACKS

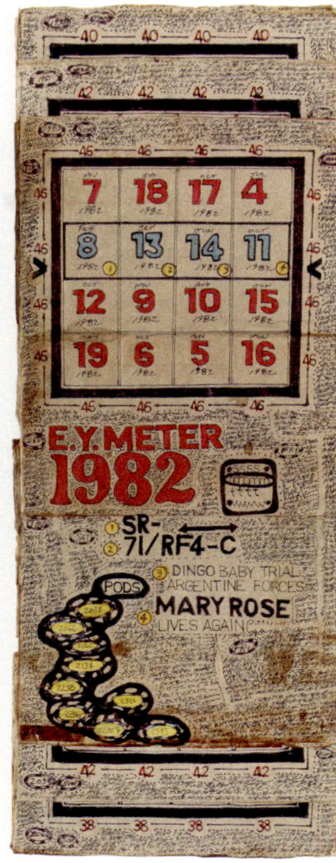
E.Y.METER
1982
SR-71/RF4-C
DINGO BABY TRIAL
ARGENTINE FORCES
MARY ROSE
LIVES AGAIN
PODS

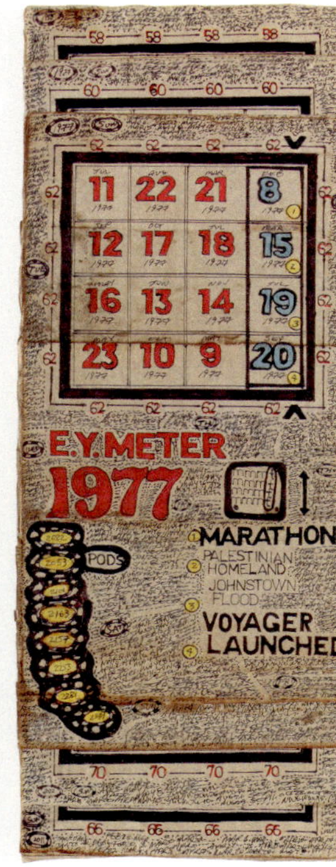
E.Y.METER
1977
MARATHON
PALESTINIAN HOMELAND
JOHNSTOWN FLOOD
VOYAGER LAUNCHED
PODS

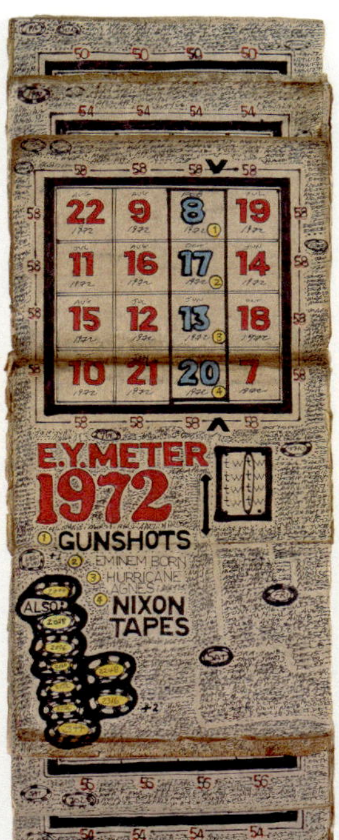
E.Y.METER
1972
GUNSHOTS
EMINEM BORN
HURRICANE
NIXON TAPES
ALSO

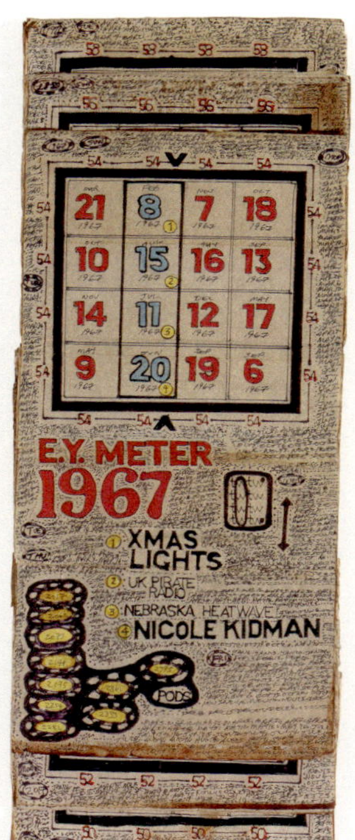
E.Y. METER
1967
XMAS LIGHTS
UK PIRATE RADIO
NEBRASKA HEAT WAVE
NICOLE KIDMAN
PODS

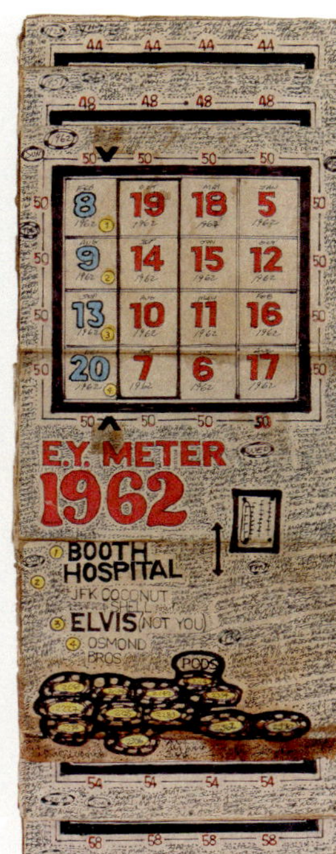
E.Y. METER
1962
BOOTH HOSPITAL
JFK COCONUT
ELVIS (NOT YOU)
OSMOND BROS
PODS

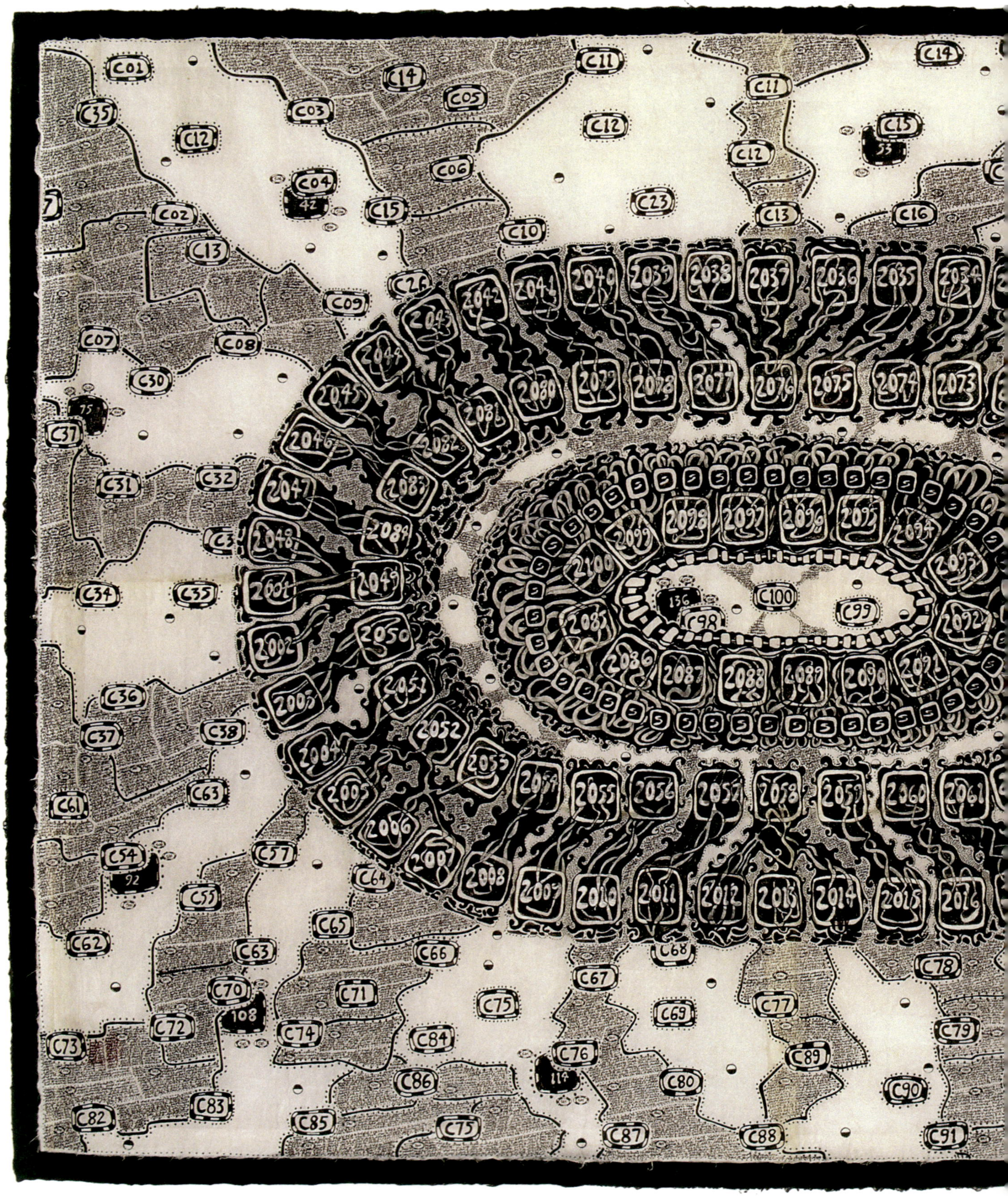

Birthday map (weekends), 2012
Mischtechnik auf Papier / mixed media on paper, 135 × 171,5 cm
Courtesy Galerie Susanne Zander, Köln / Cologne
(Foto / photo: Bernhard Schaub)

I was born , 2012
Mischtechnik auf Papier / mixed media on paper, 217 × 147 cm
Courtesy About Change, Collection (Foto / photo: Bernhard Schaub)

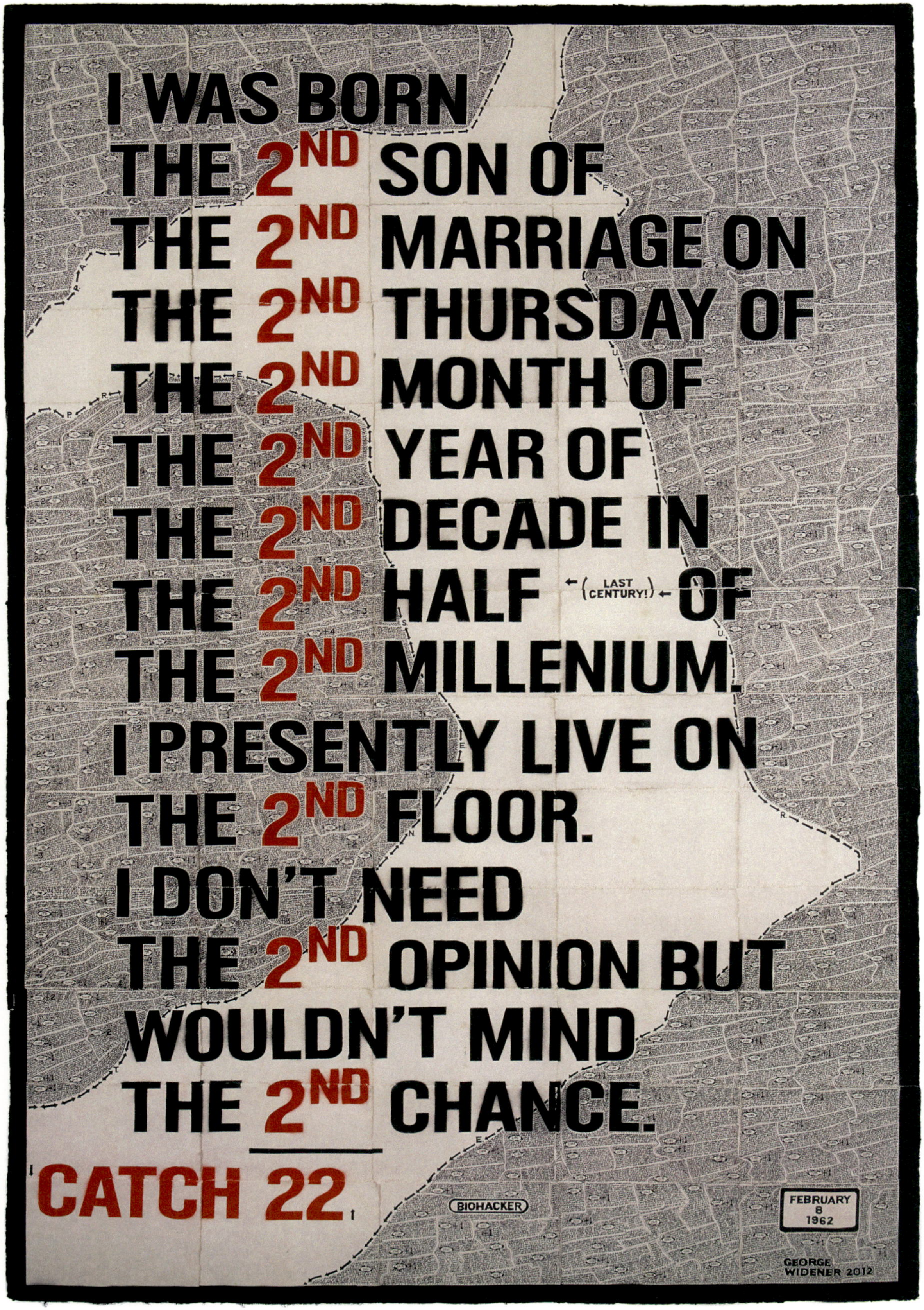
I WAS BORN
THE 2ND SON OF
THE 2ND MARRIAGE ON
THE 2ND THURSDAY OF
THE 2ND MONTH OF
THE 2ND YEAR OF
THE 2ND DECADE IN
THE 2ND HALF (LAST CENTURY!) OF
THE 2ND MILLENIUM.
I PRESENTLY LIVE ON
THE 2ND FLOOR.
I DON'T NEED
THE 2ND OPINION BUT
WOULDN'T MIND
THE 2ND CHANCE.
CATCH 22
BIOHACKER
FEBRUARY 8 1962
GEORGE WIDENER 2012

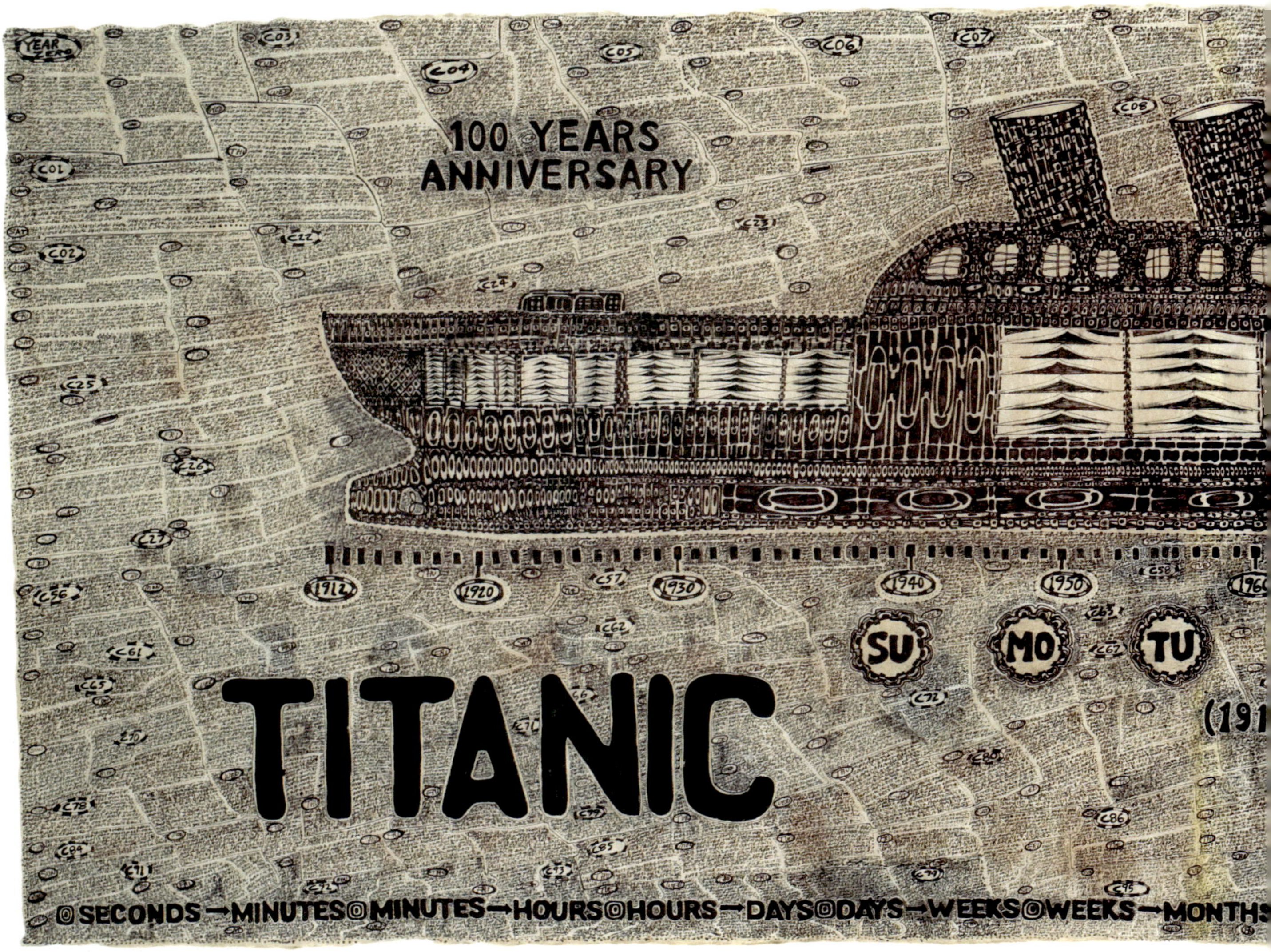

Titanic 100 Years Anniversary, 2012
Mischtechnik auf chinesischem Reisstrohpapier / mixed media on Chinese rice paper, 66 × 180,3 cm
Courtesy Audrey B. Heckler

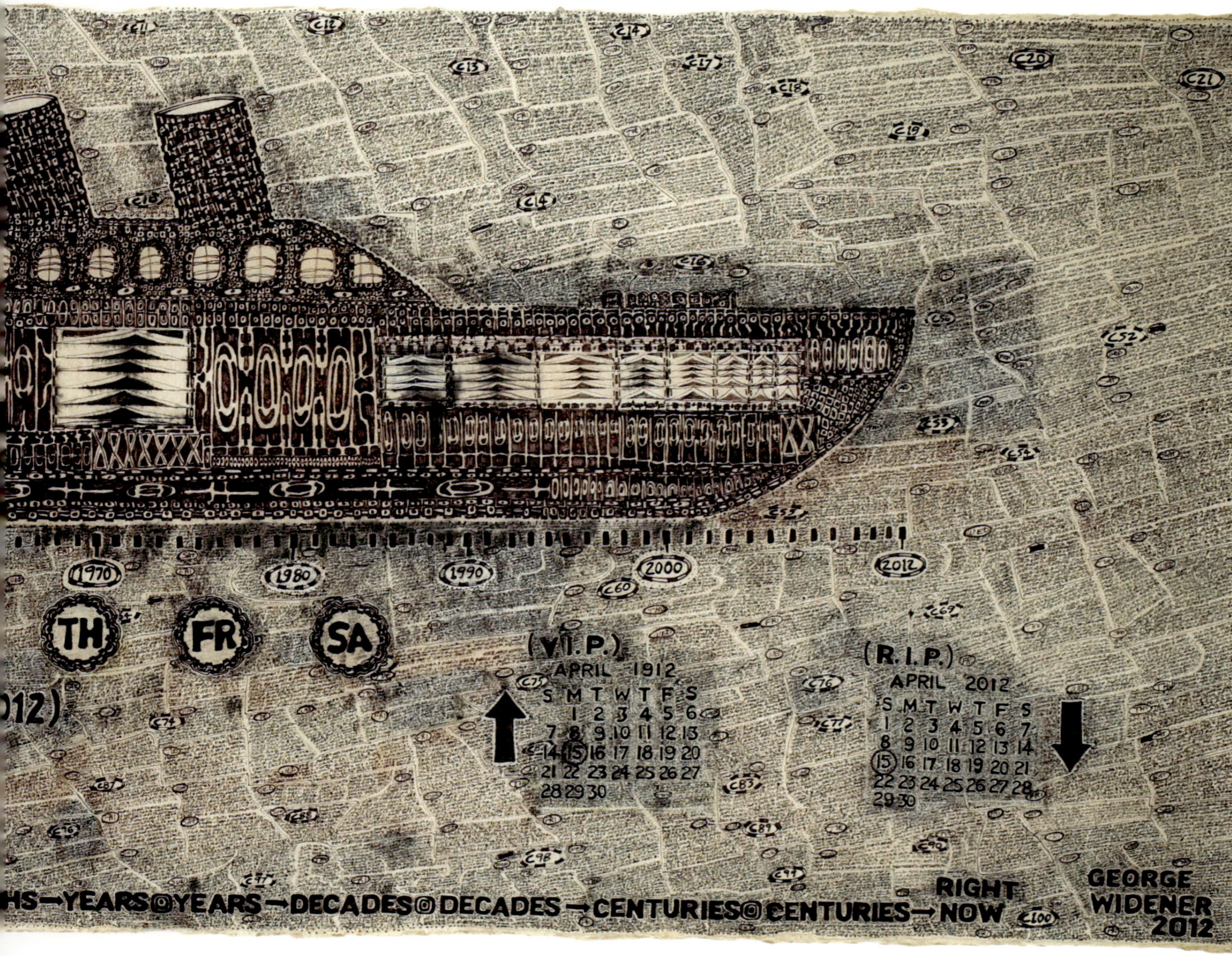
1970
1980
1990
2000
2012
TH
FR
SA
(V.I.P.)
APRIL 1912
S M T W T F S
1 2 3 4 5 6
7 8 9 10 11 12 13
14 15 16 17 18 19 20
21 22 23 24 25 26 27
28 29 30
(R.I.P.)
APRIL 2012
S M T W T F S
1 2 3 4 5 6 7
8 9 10 11 12 13 14
15 16 17 18 19 20 21
22 23 24 25 26 27 28
29 30
HS→YEARS@YEARS→DECADES@DECADES→CENTURIES@CENTURIES→RIGHT NOW
GEORGE WIDENER 2012

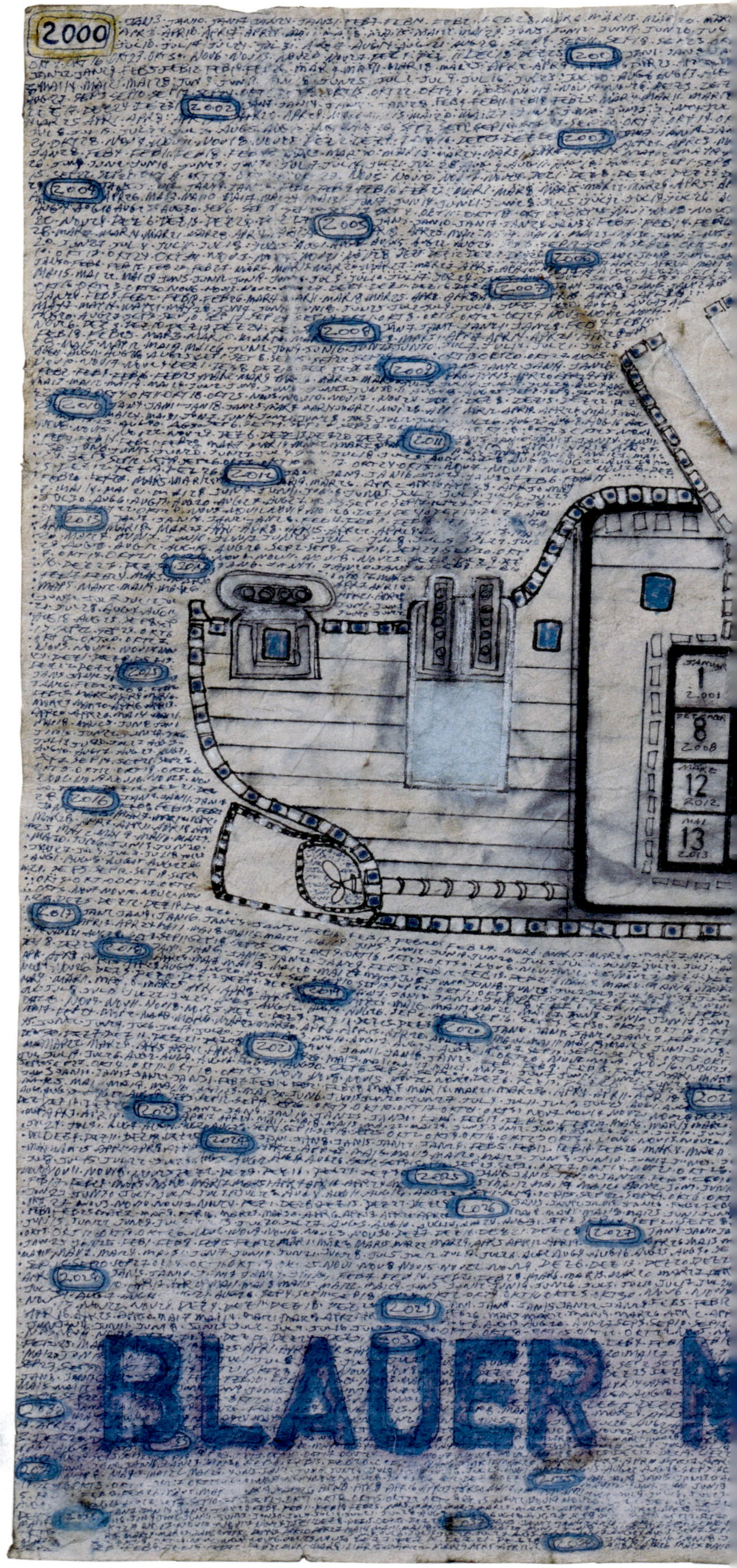

Blauer Montag, undatiert / undated
Mischtechnik auf Papierservietten / mixed media on paper napkins, 37 × 50 cm
Courtesy Collection abcd, Paris

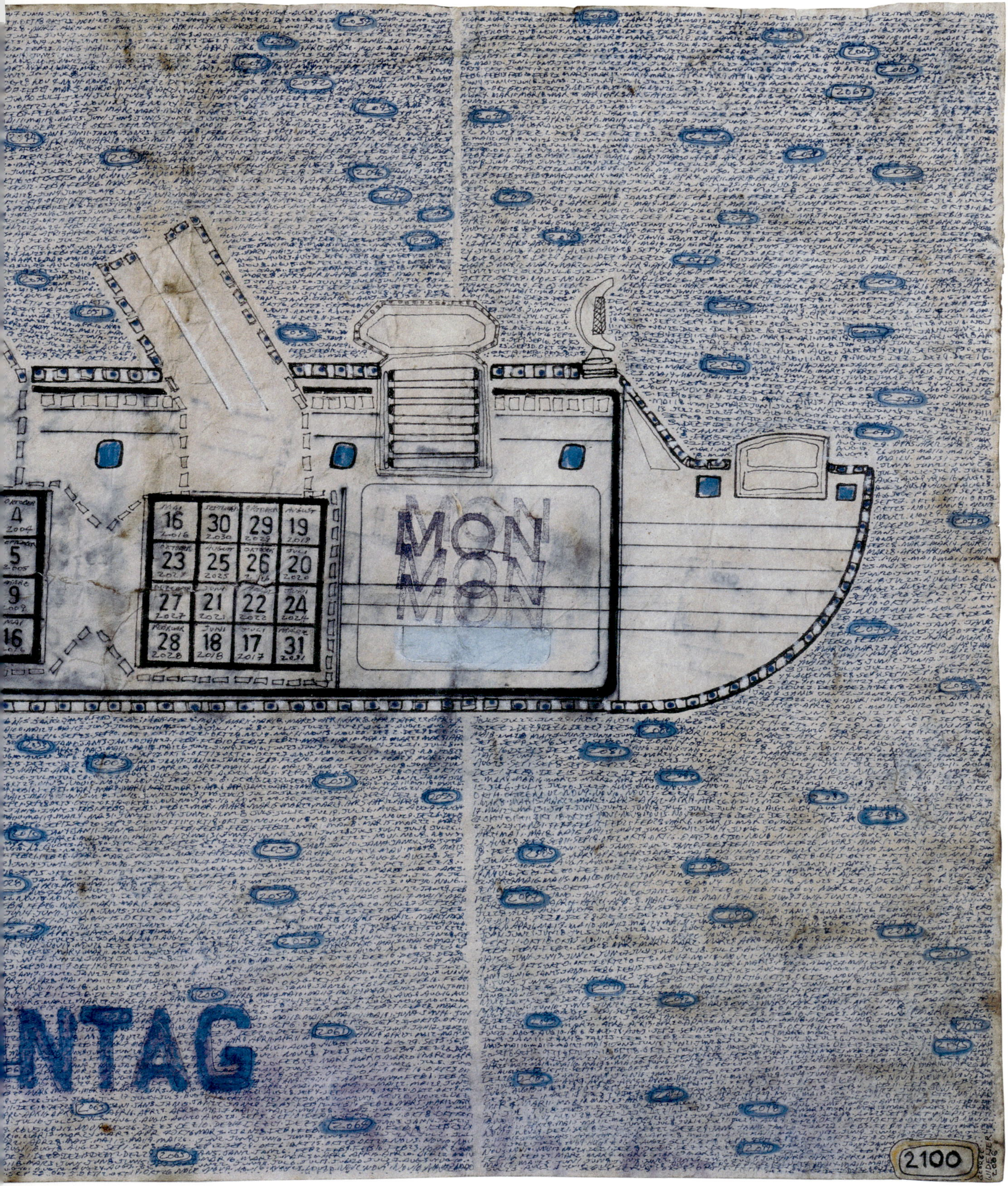

MON
MON
MON
16 30 29 19
23 25 26 20
27 21 22 24
28 18 17 31
4
5
9
16
NTAG
2100

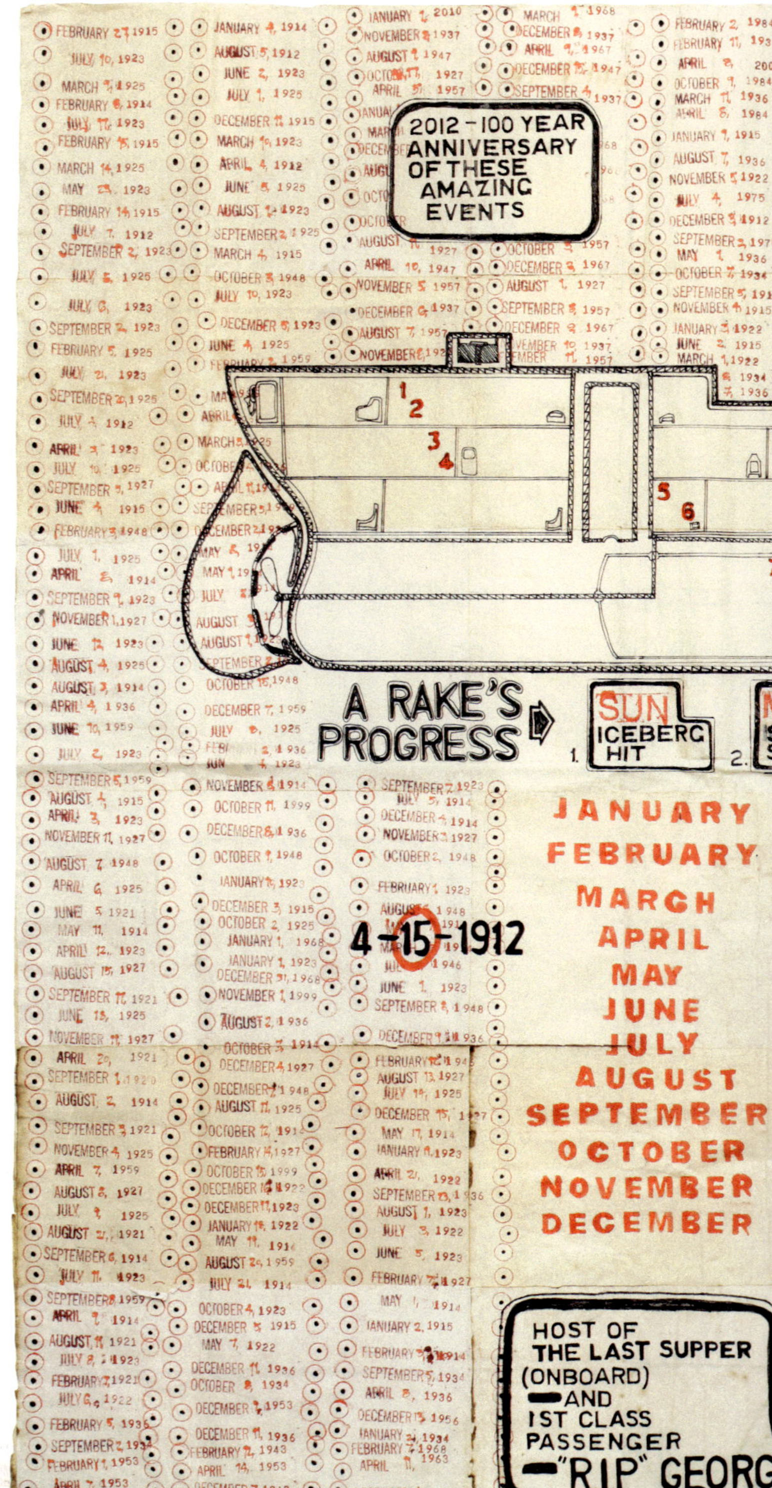

Titanic, 2009
Bleistift und Kugelschreiber auf Papierservietten / pencil and ballpoint pen on paper napkins, 37 × 50 cm
Courtesy The Museum of Everything, London

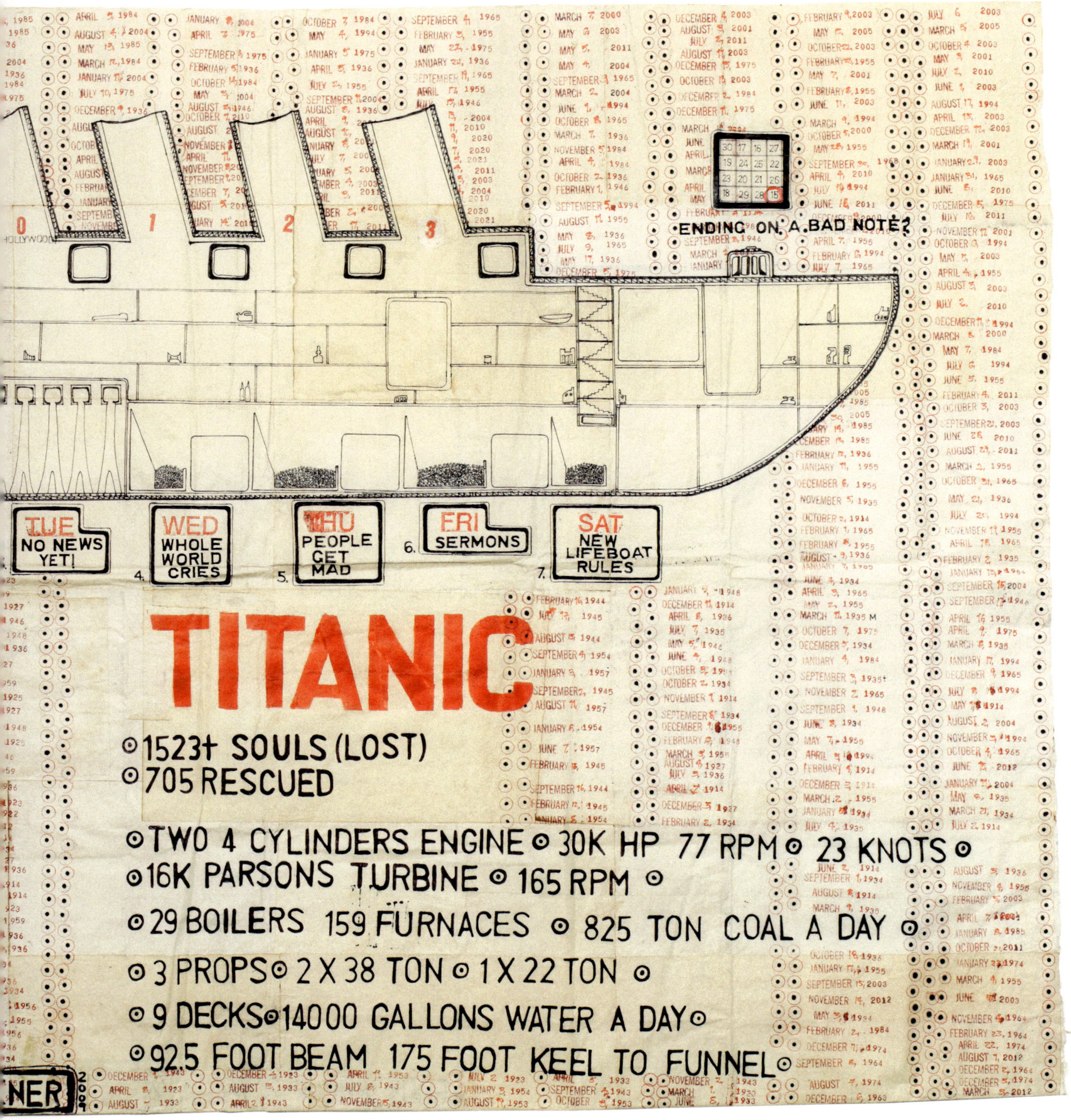
ENDING ON A BAD NOTE?
TUE
NO NEWS YET!
4.
WED
WHOLE WORLD CRIES
5.
THU
PEOPLE GET MAD
6.
FRI
SERMONS
7.
SAT
NEW LIFEBOAT RULES
TITANIC
1523+ SOULS (LOST)
705 RESCUED
TWO 4 CYLINDERS ENGINE 30K HP 77 RPM 23 KNOTS
16K PARSONS TURBINE 165 RPM
29 BOILERS 159 FURNACES 825 TON COAL A DAY
3 PROPS 2 X 38 TON 1 X 22 TON
9 DECKS 14000 GALLONS WATER A DAY
92.5 FOOT BEAM 175 FOOT KEEL TO FUNNEL

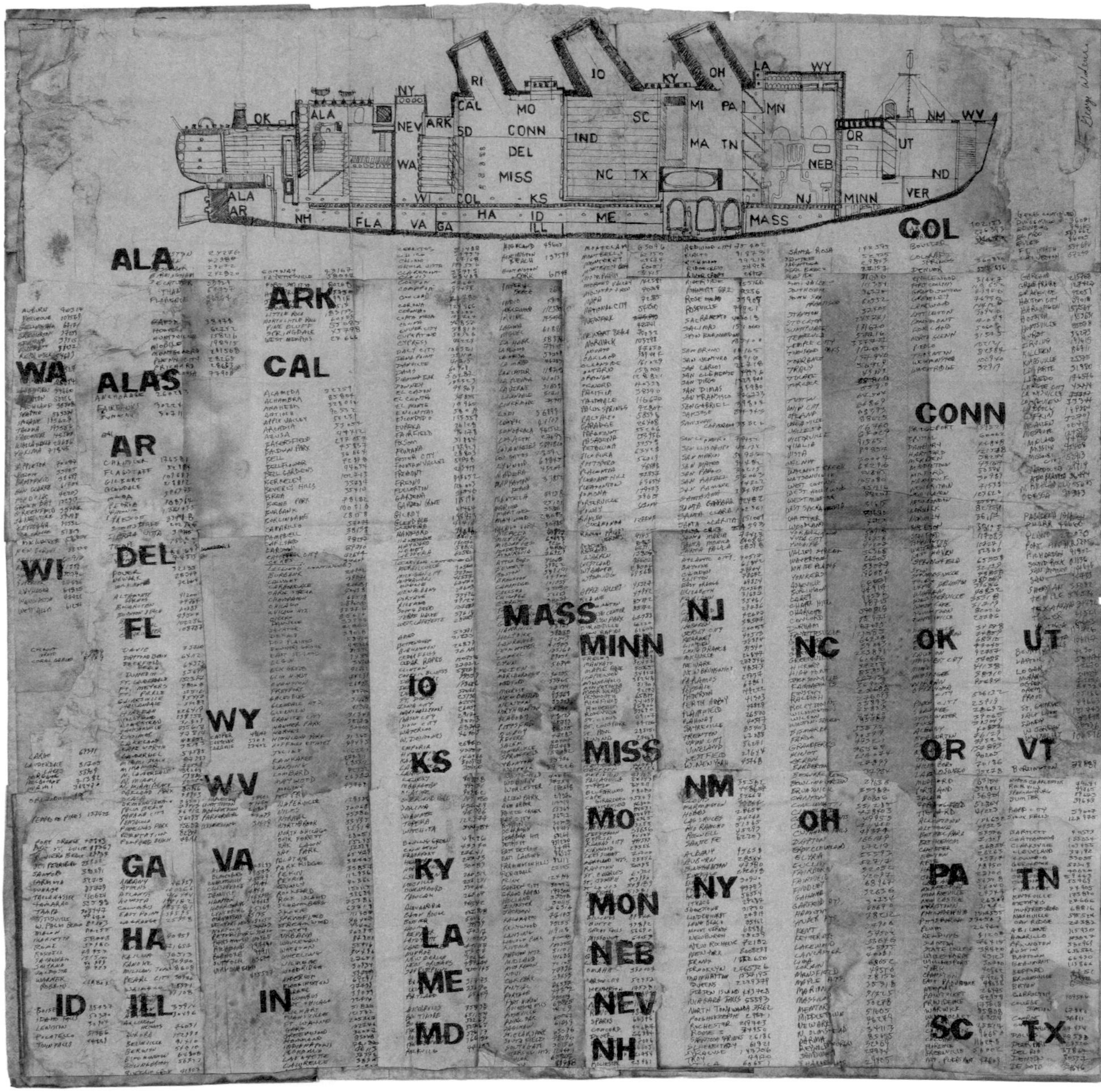

Census Ship, 2004
Tinte auf gefundenem Papier / ink on found paper, 53,3 × 48,3 cm
Courtesy Henry Boxer Gallery, London

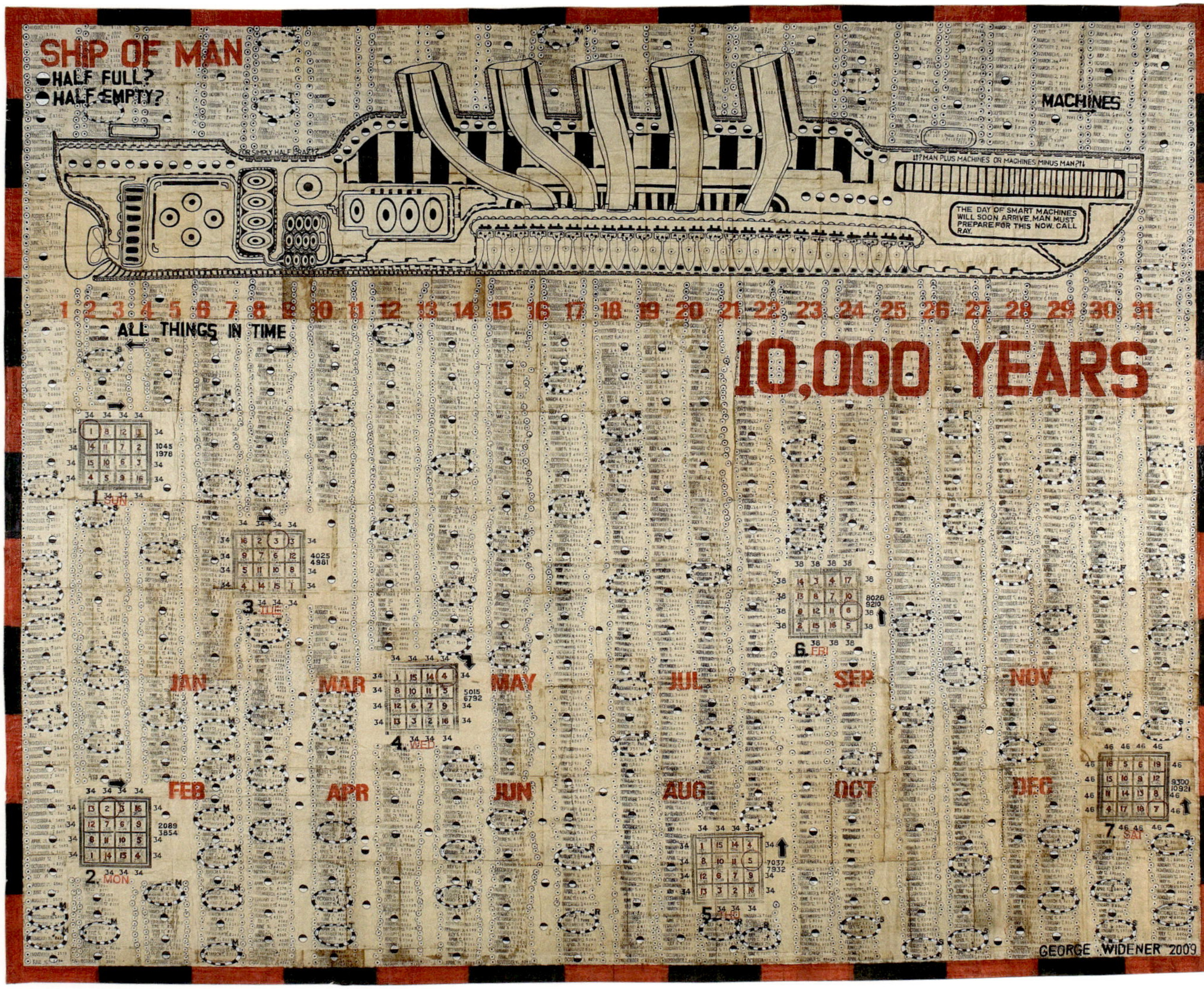

Ship of Man (10 000 Years), 2009
Vinylband, Tinte, Farbe, Marker auf Serviettenpapier / vinyl tape, ink, paint, marker pen on napkin paper, 181 × 214 cm
Courtesy The Museum of Everything, London

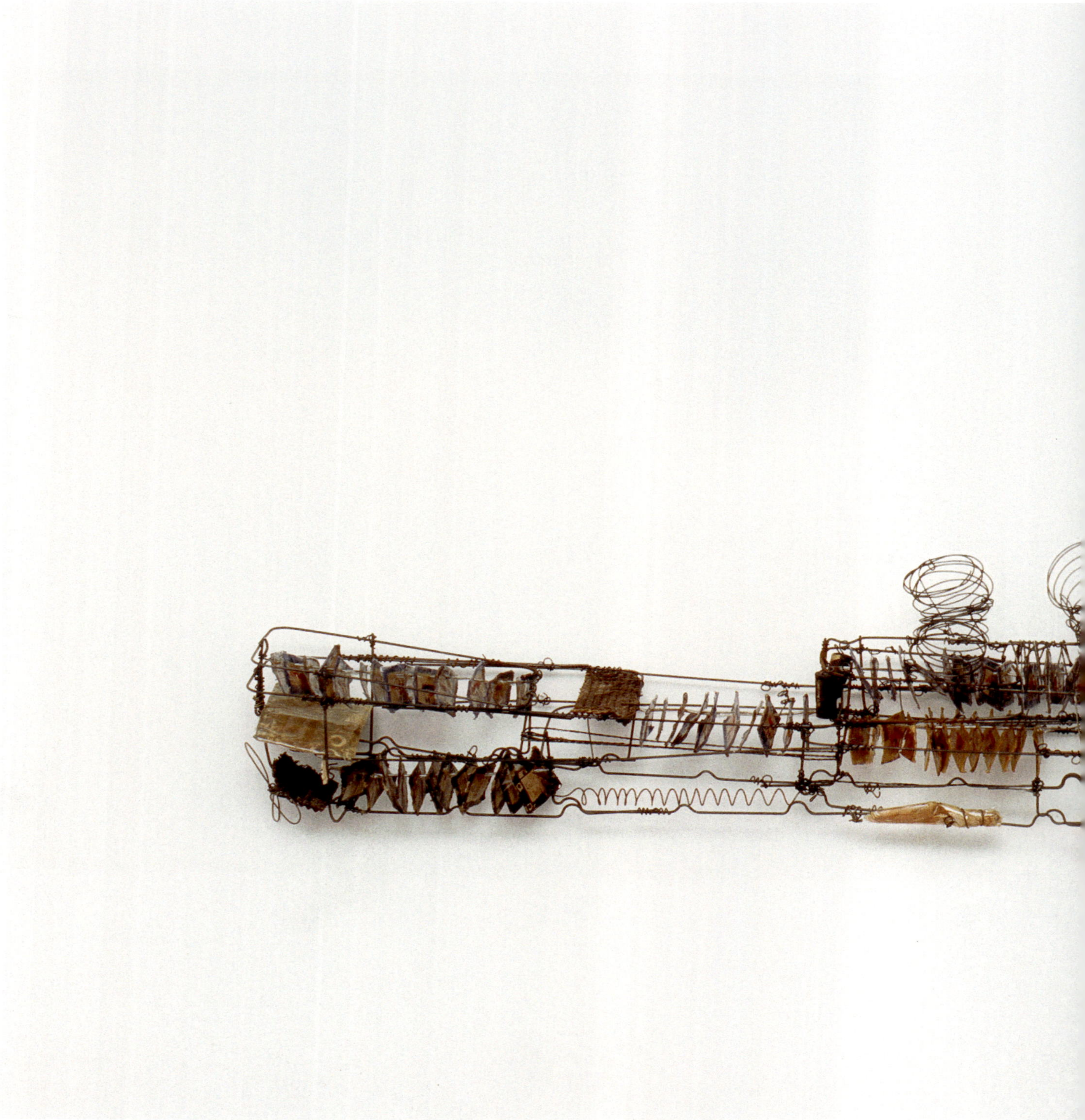

Titanic, 2011
Mischtechnik / mixed media, 182 × 14 × 36 cm
Courtesy Galerie Susanne Zander, Köln / Cologne

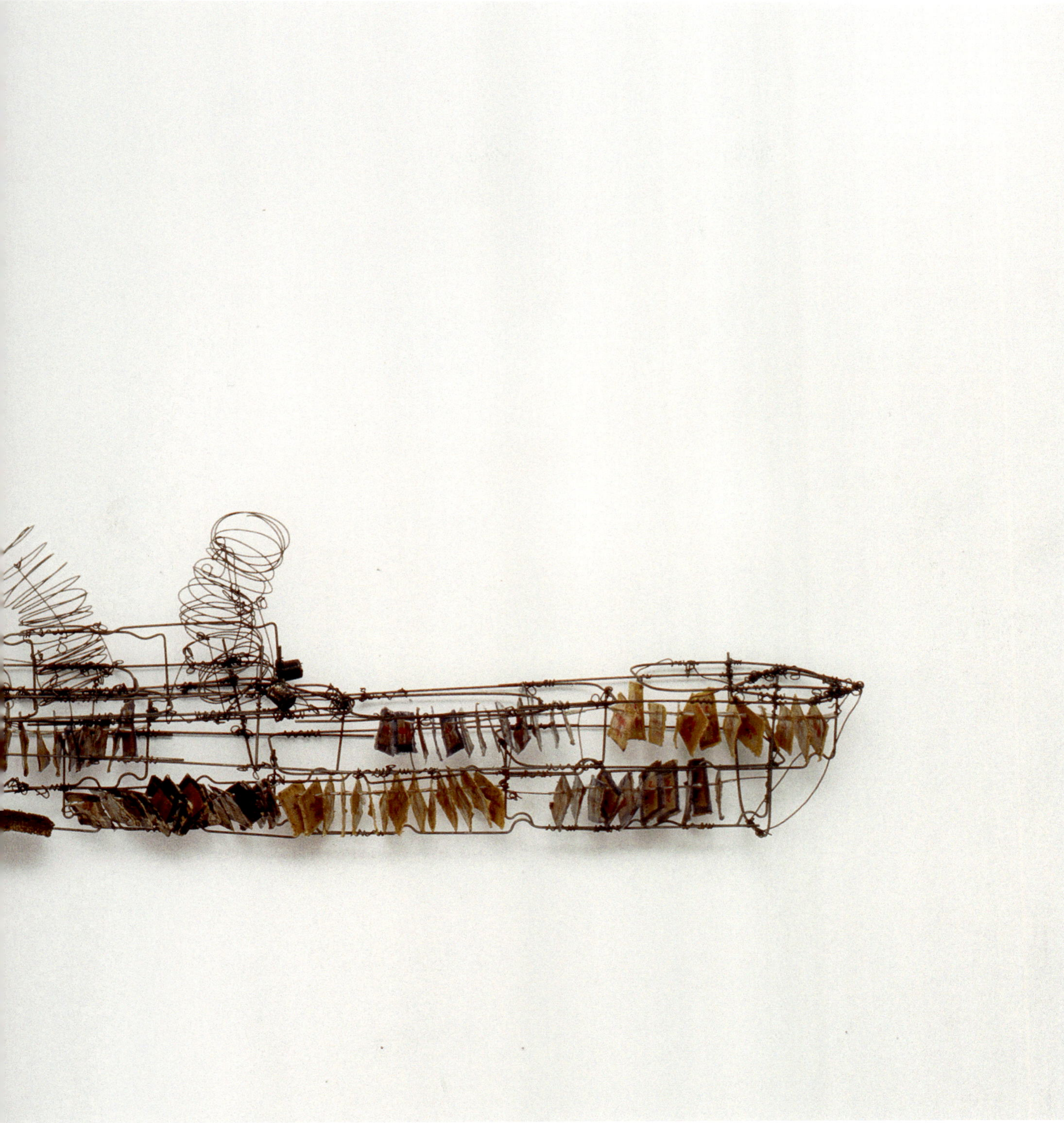

(S./pp. 62–63) **Friday**, 2009
Mischtechnik auf Papier / mixed media on paper, 105 × 189 cm
Courtesy Collection of Stuart and Rene Zweibel

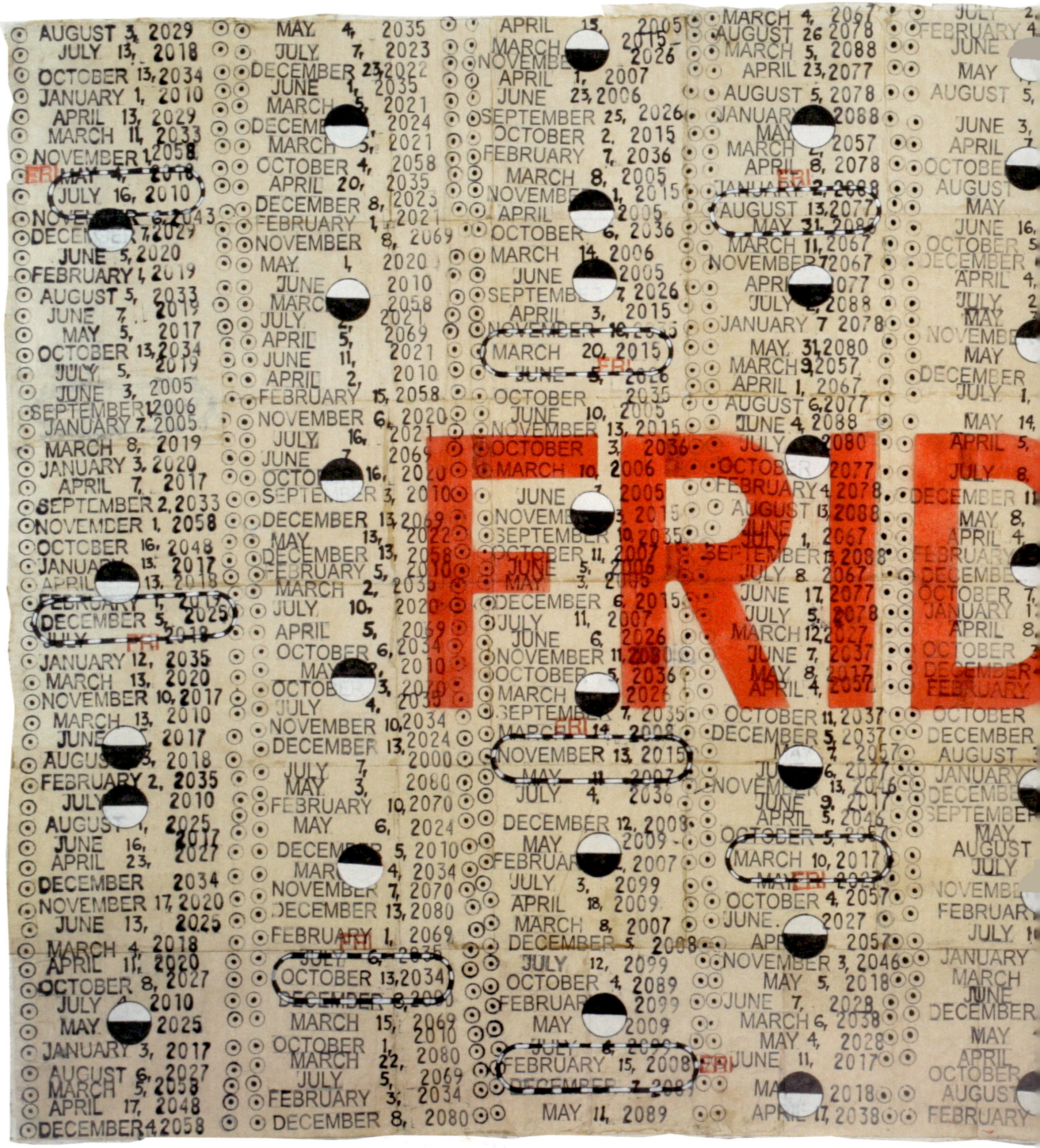
FRID

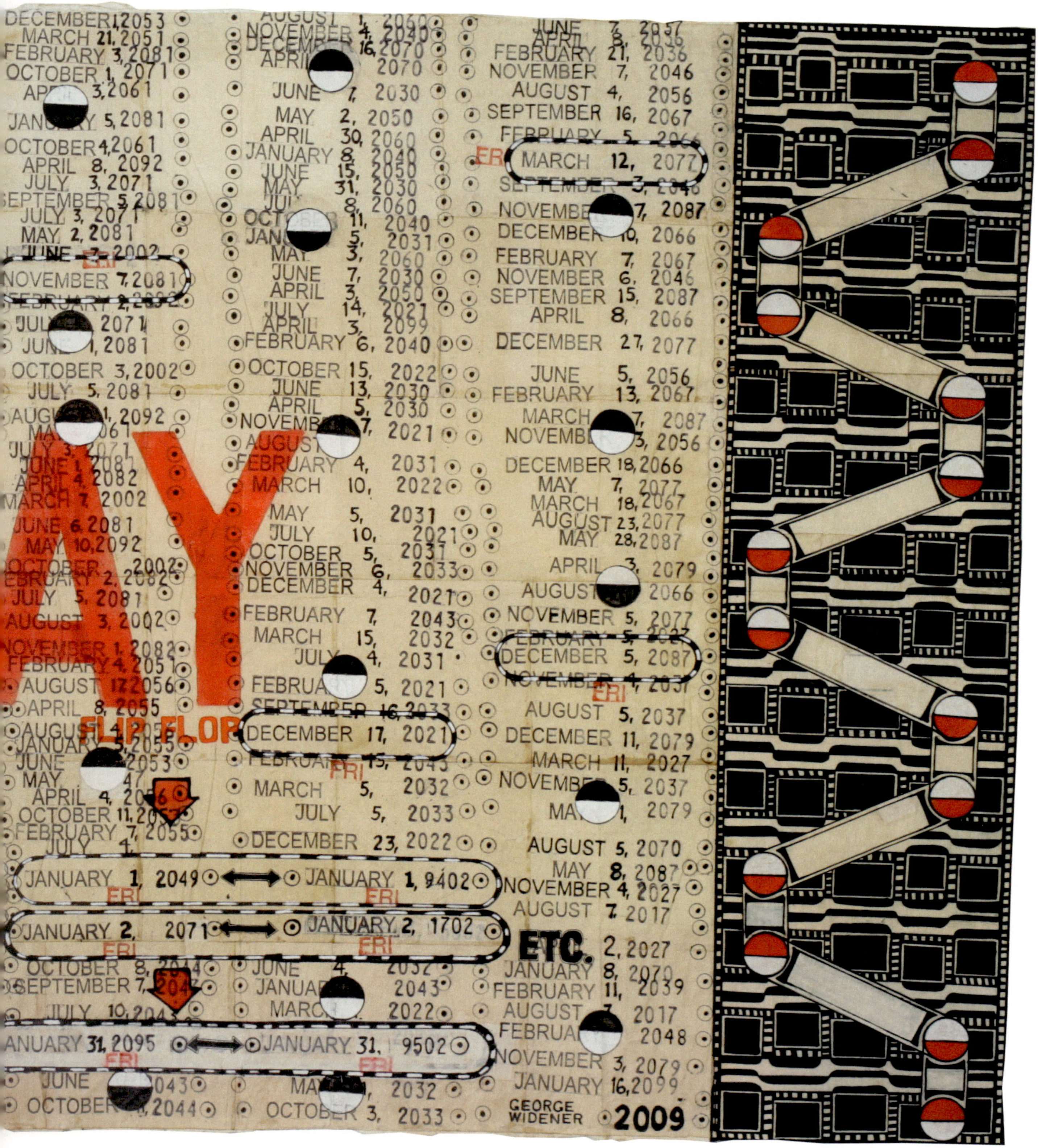
FLIP FLOP
ETC.
GEORGE WIDENER
2009

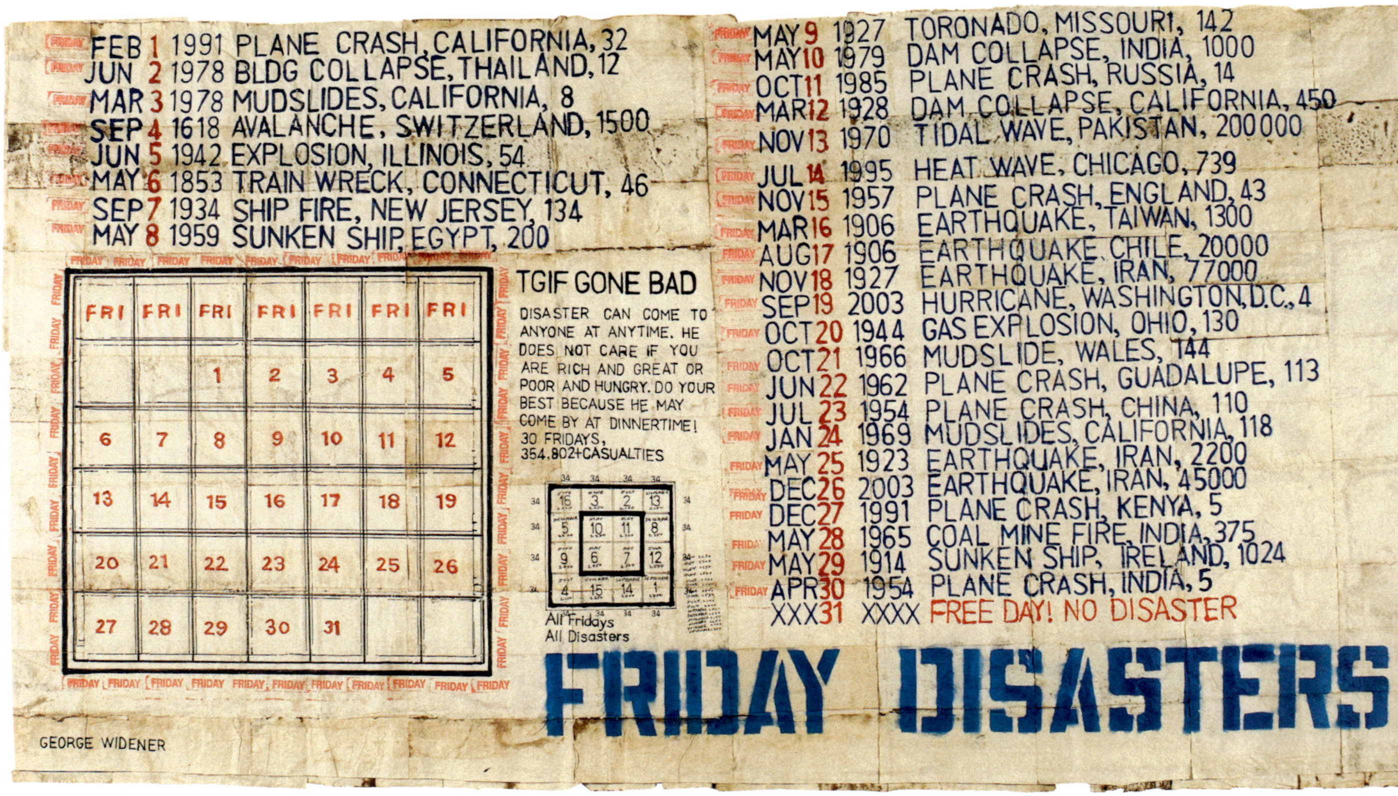

Friday Disasters, 2009
Tinte, Farbe, Marker auf Serviettenpapier / ink, paint, marker pen on napkin paper, 102 × 134 cm
Courtesy The Museum of Everything, London

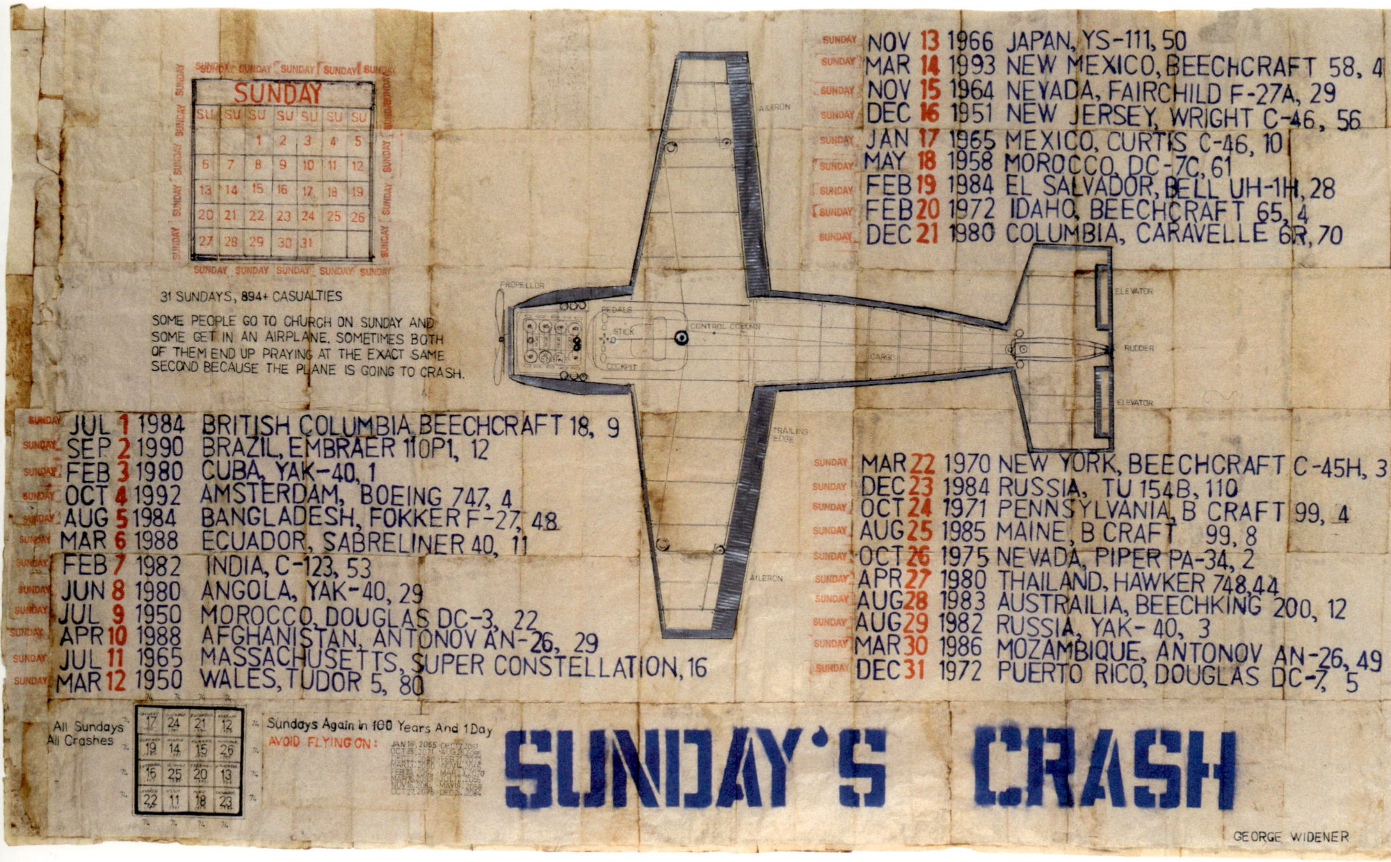

Sunday's Crash, undatiert / undated
Mischtechnik auf Papier / mixed media on paper, 91,3 × 132,1 cm
Courtesy Collection abcd, Paris

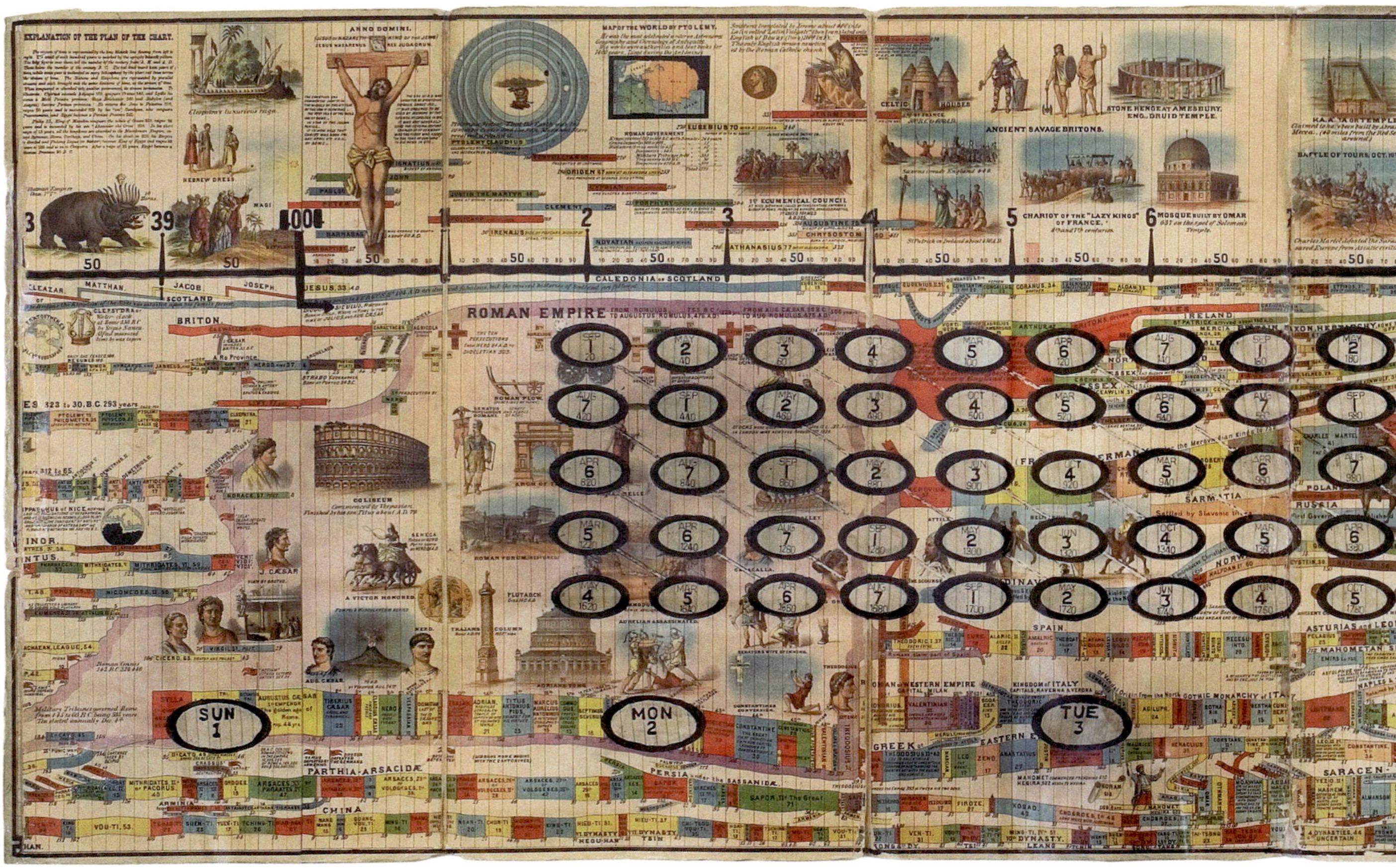

Stream of Time, 2010
Mischtechnik auf Papier / mixed media on paper, 86,6 × 226,1 cm
Collection of François Meyer (Image courtesy Ricco / Maresca Gallery, New York)

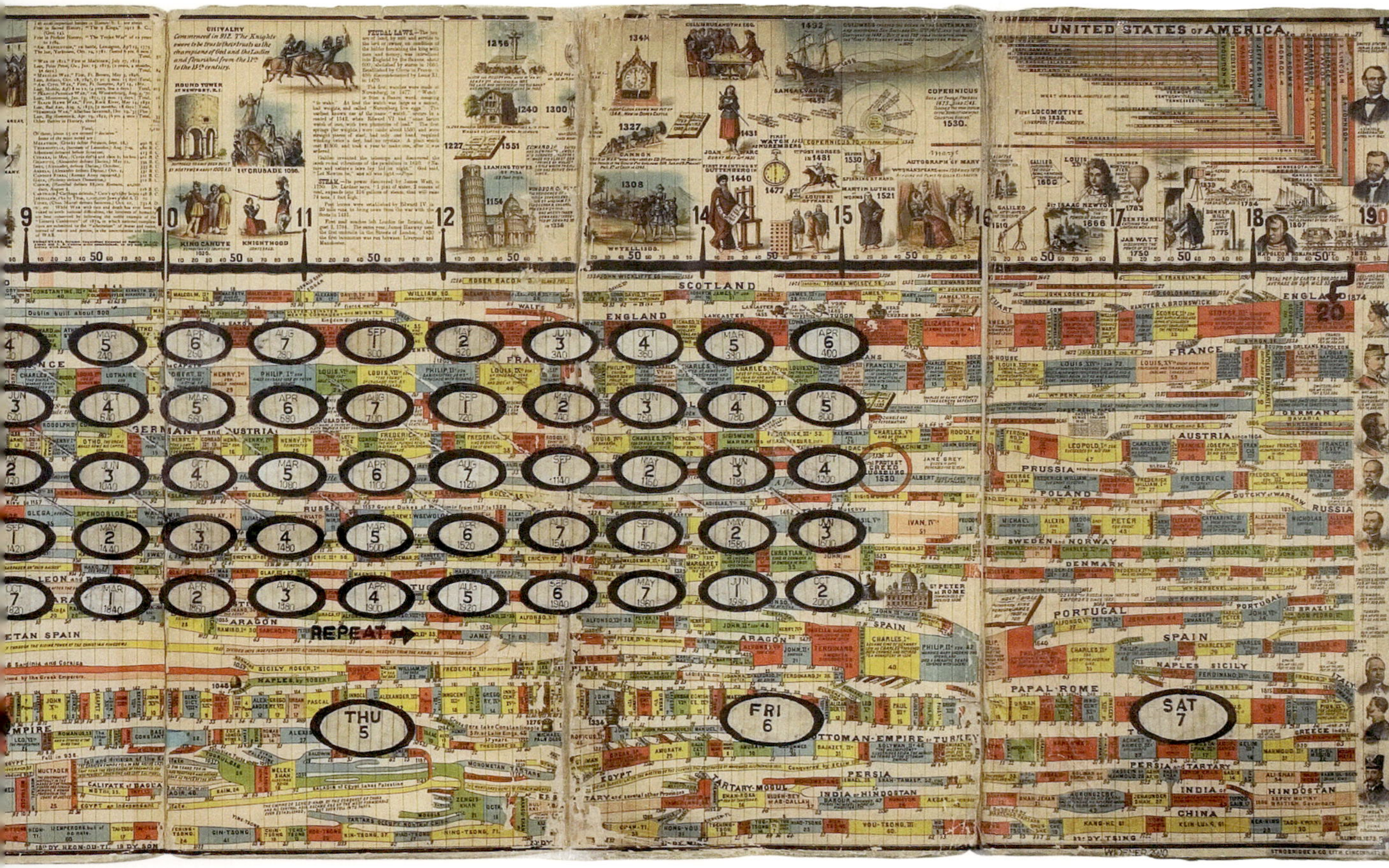
UNITED STATES OF AMERICA
SCOTLAND
ENGLAND
FRANCE
GERMANY
AUSTRIA
PRUSSIA
POLAND
RUSSIA
SWEDEN AND NORWAY
DENMARK
PORTUGAL
SPAIN
ARAGON
REPEAT
PAPAL ROME
THU 5
FRI 6
SAT 7
OTTOMAN-EMPIRE-TURKEY
PERSIA
INDIA OR HINDOSTAN
CHINA

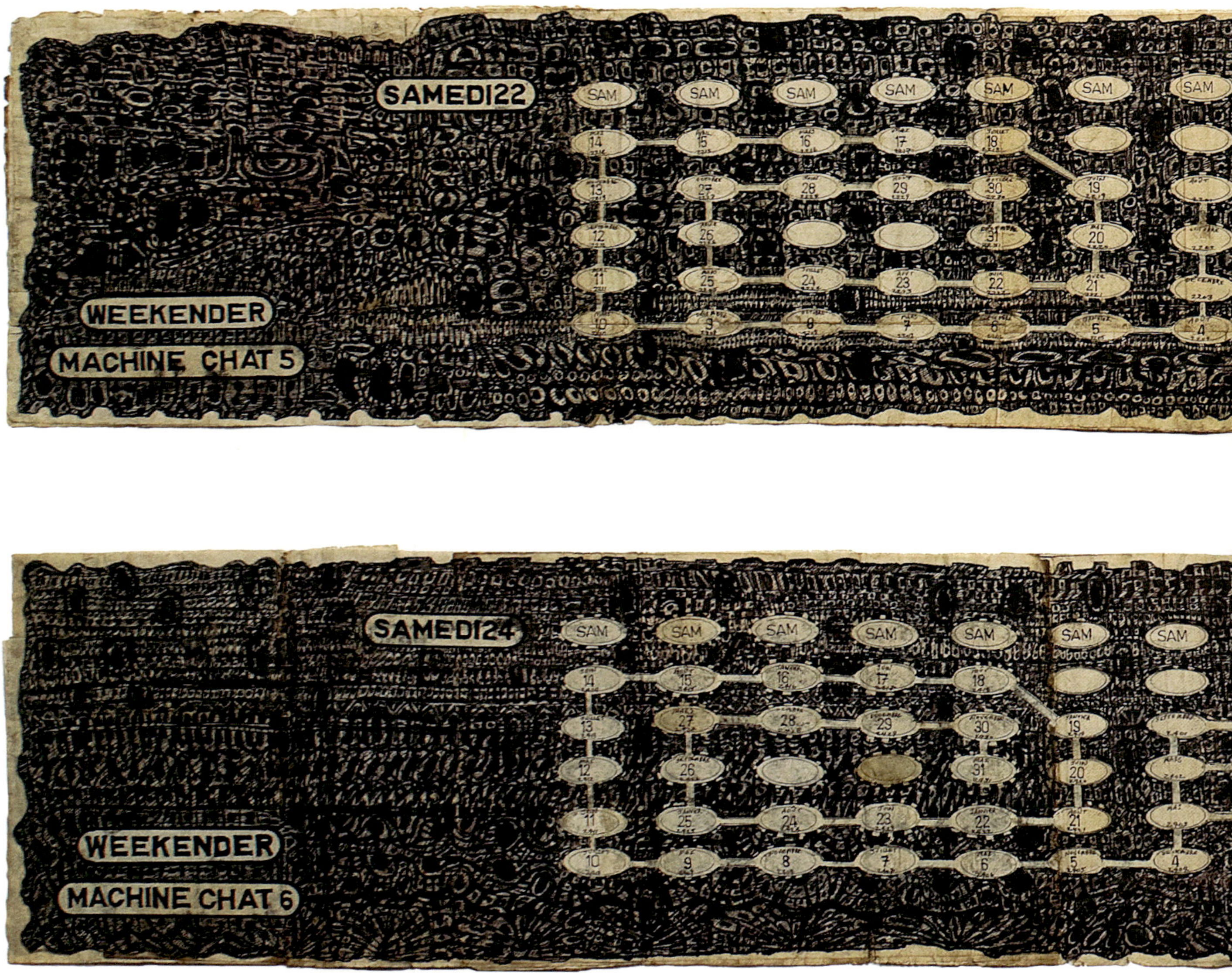

Weekender Machine Chats 5 and 6 (Diptych), 2009
Mischtechnik auf Papier / mixed media on paper, zweiteilig / two panels, 21 × 132.1 cm (jeweils / each)
Courtesy Collection of Elenore Weber

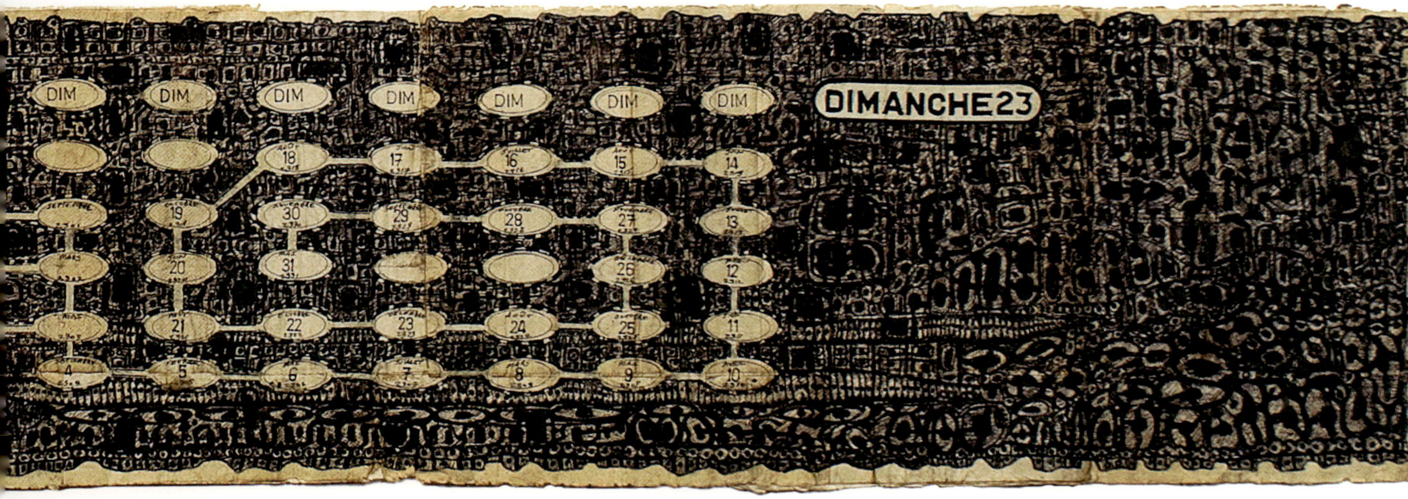

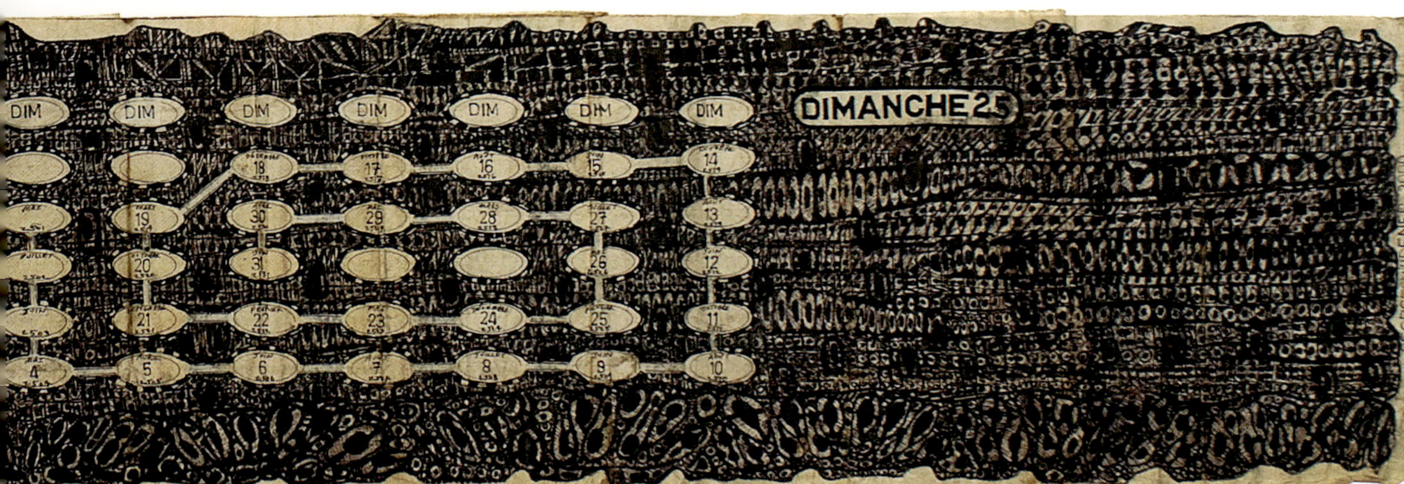

(S./p. 70–71) **Time Machine**, 2010
Mischtechnik auf Papier / mixed media on paper, 184 × 139 cm
Privatsammlung / private collection, Berlin (Foto / photo: Bernhard Schaub)

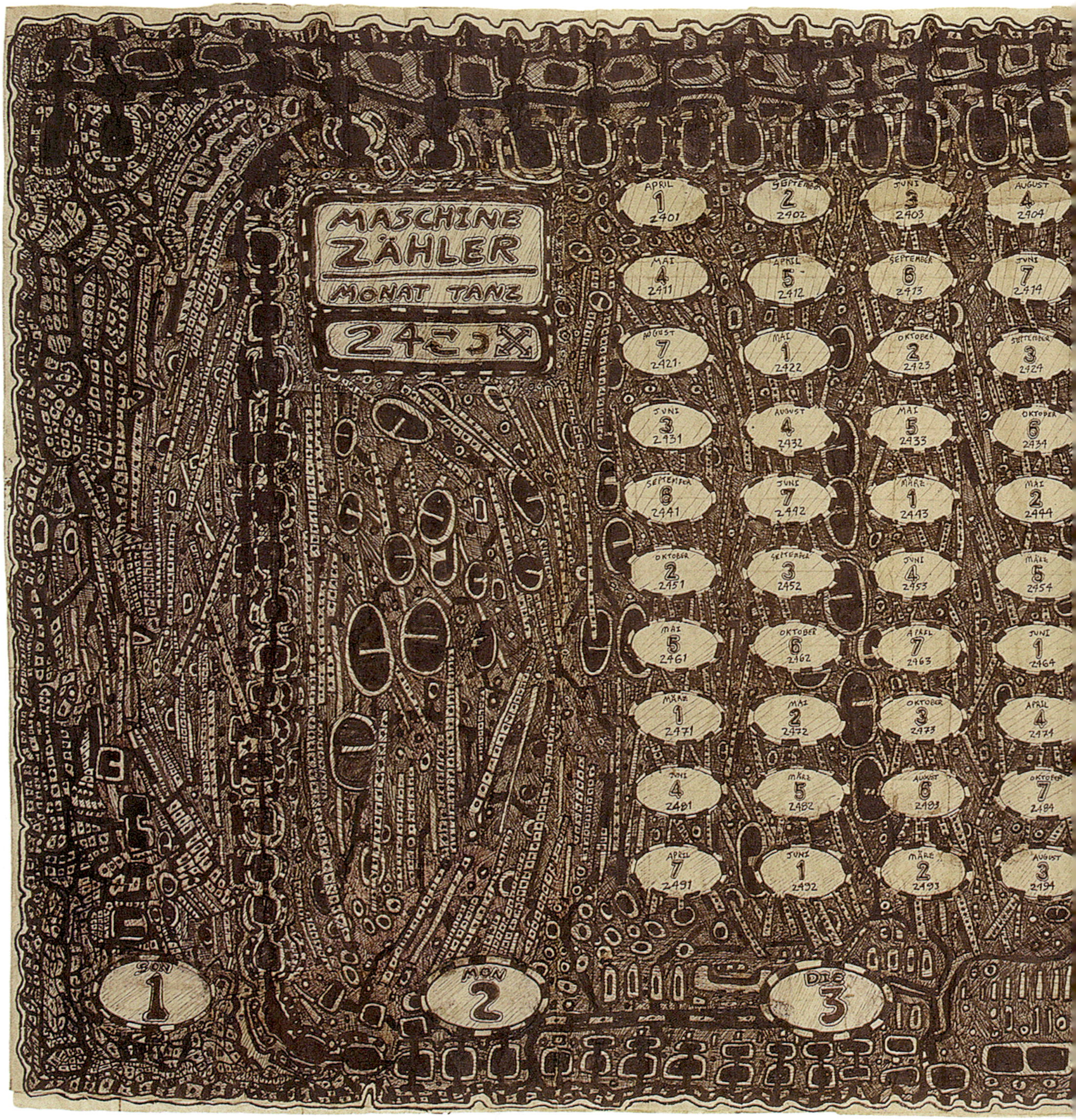
MASCHINE
ZÄHLER
MONAT TANZ
APRIL 1 2401
SEPTEMBER 2 2402
JUNI 3 2403
AUGUST 4 2404
MAI 4 2411
APRIL 5 2412
SEPTEMBER 6 2413
JUNI 7 2414
AUGUST 7 2421
MAI 1 2422
OKTOBER 2 2423
SEPTEMBER 3 2424
JUNI 3 2431
AUGUST 4 2432
MAI 5 2433
OKTOBER 6 2434
SEPTEMBER 6 2441
JUNI 7 2442
MÄRZ 1 2443
MAI 2 2444
OKTOBER 2 2451
SEPTEMBER 3 2452
JUNI 4 2453
MÄRZ 5 2454
MAI 5 2461
OKTOBER 6 2462
APRIL 7 2463
JUNI 1 2464
MÄRZ 1 2471
MAI 2 2472
OKTOBER 3 2473
APRIL 4 2474
JUNI 4 2481
MÄRZ 5 2482
AUGUST 6 2483
OKTOBER 7 2484
APRIL 7 2491
JUNI 1 2492
MÄRZ 2 2493
AUGUST 3 2494
SON 1
MON 2
DIE 3

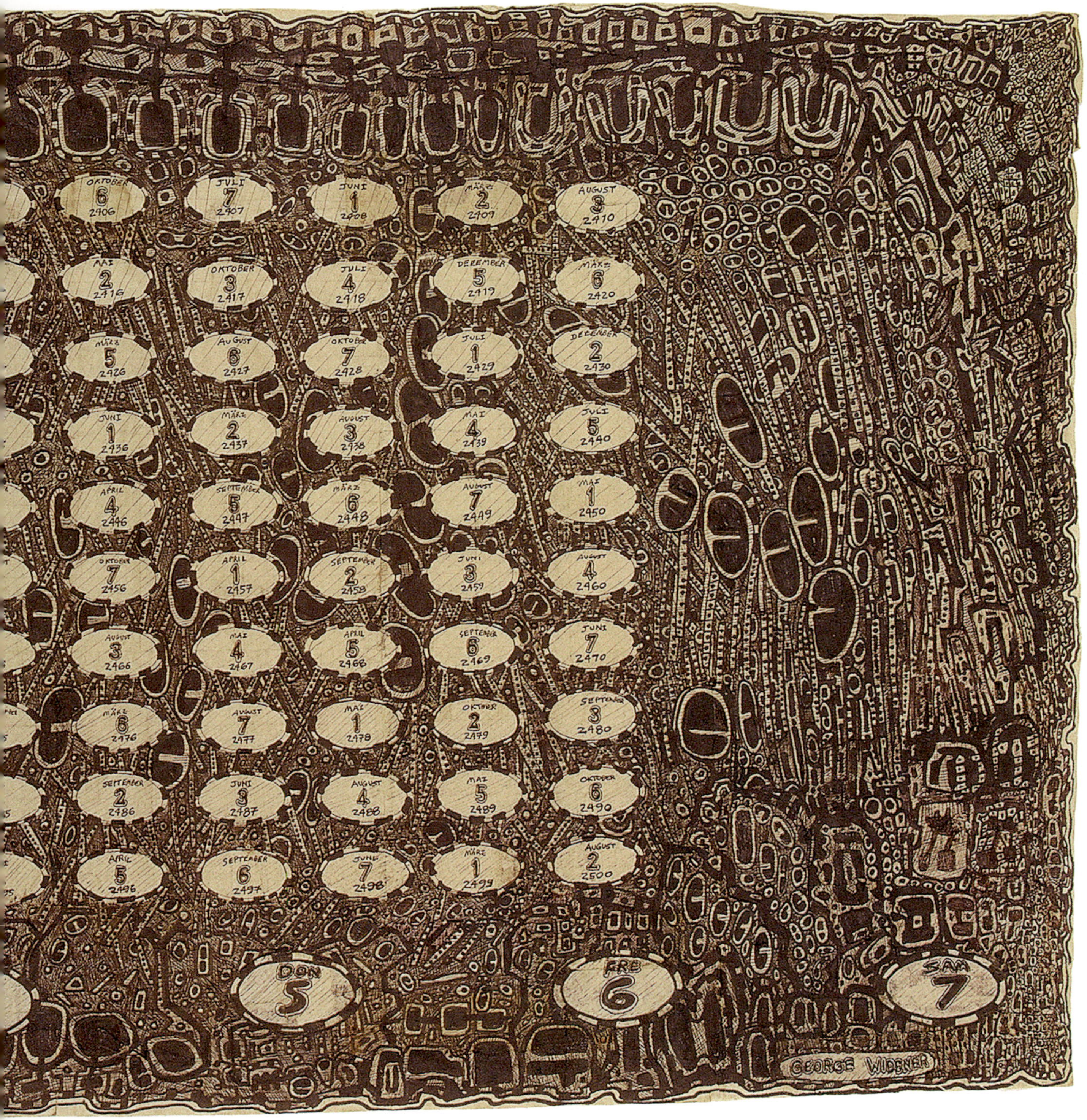
OKTOBER 6 2406
JULI 7 2407
JUNI 1 2408
MÄRZ 2 2409
AUGUST 3 2410
MAI 2 2416
OKTOBER 3 2417
JULI 4 2418
DEZEMBER 5 2419
MÄRZ 6 2420
MÄRZ 5 2426
AUGUST 6 2427
OKTOBER 7 2428
JULI 1 2429
DEZEMBER 2 2430
JUNI 1 2436
MÄRZ 2 2437
AUGUST 3 2438
MAI 4 2439
JULI 5 2440
APRIL 4 2446
SEPTEMBER 5 2447
MÄRZ 6 2448
AUGUST 7 2449
MAI 1 2450
OKTOBER 7 2456
APRIL 1 2457
SEPTEMBER 2 2458
JUNI 3 2459
AUGUST 4 2460
AUGUST 3 2466
MAI 4 2467
APRIL 5 2468
SEPTEMBER 6 2469
JUNI 7 2470
MÄRZ 6 2476
AUGUST 7 2477
MAI 1 2478
OKTOBER 2 2479
SEPTEMBER 3 2480
SEPTEMBER 2 2486
JUNI 3 2487
AUGUST 4 2488
MAI 5 2489
OKTOBER 6 2490
APRIL 5 2496
SEPTEMBER 6 2497
JUNI 7 2498
MÄRZ 1 2499
AUGUST 2 2500
DON 5
FRE 6
SAM 7
GEORGE WIDENER

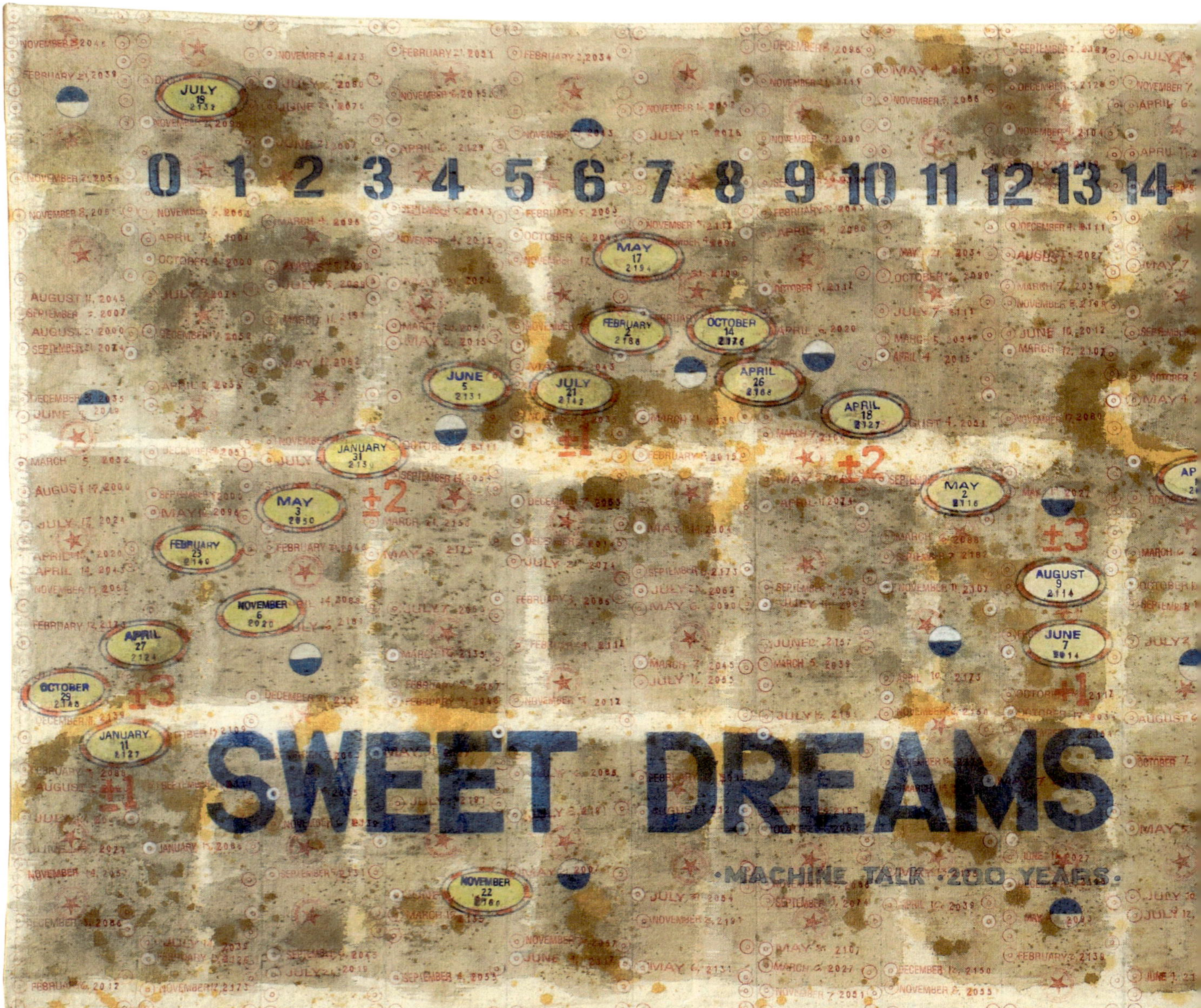

Sweet Dreams, 2011
Tinte und Plakatfarbe auf Stoff / ink and poster paint on cloth, 76,2 × 177,8 cm
Courtesy Pete Townshend Collection

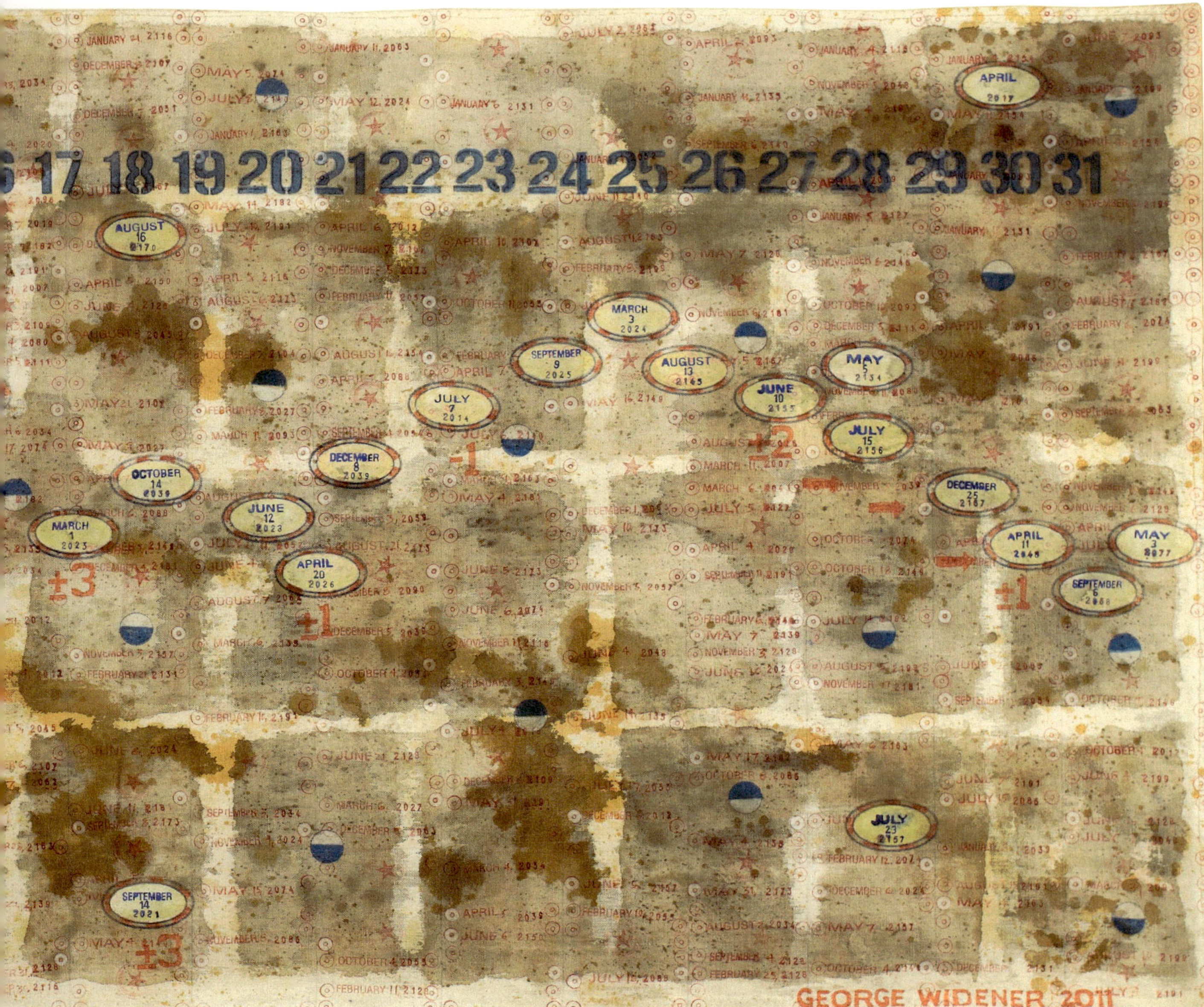
6 17 18 19 20 21 22 23 24 25 26 27 28 29 30 31
GEORGE WIDENER 2011

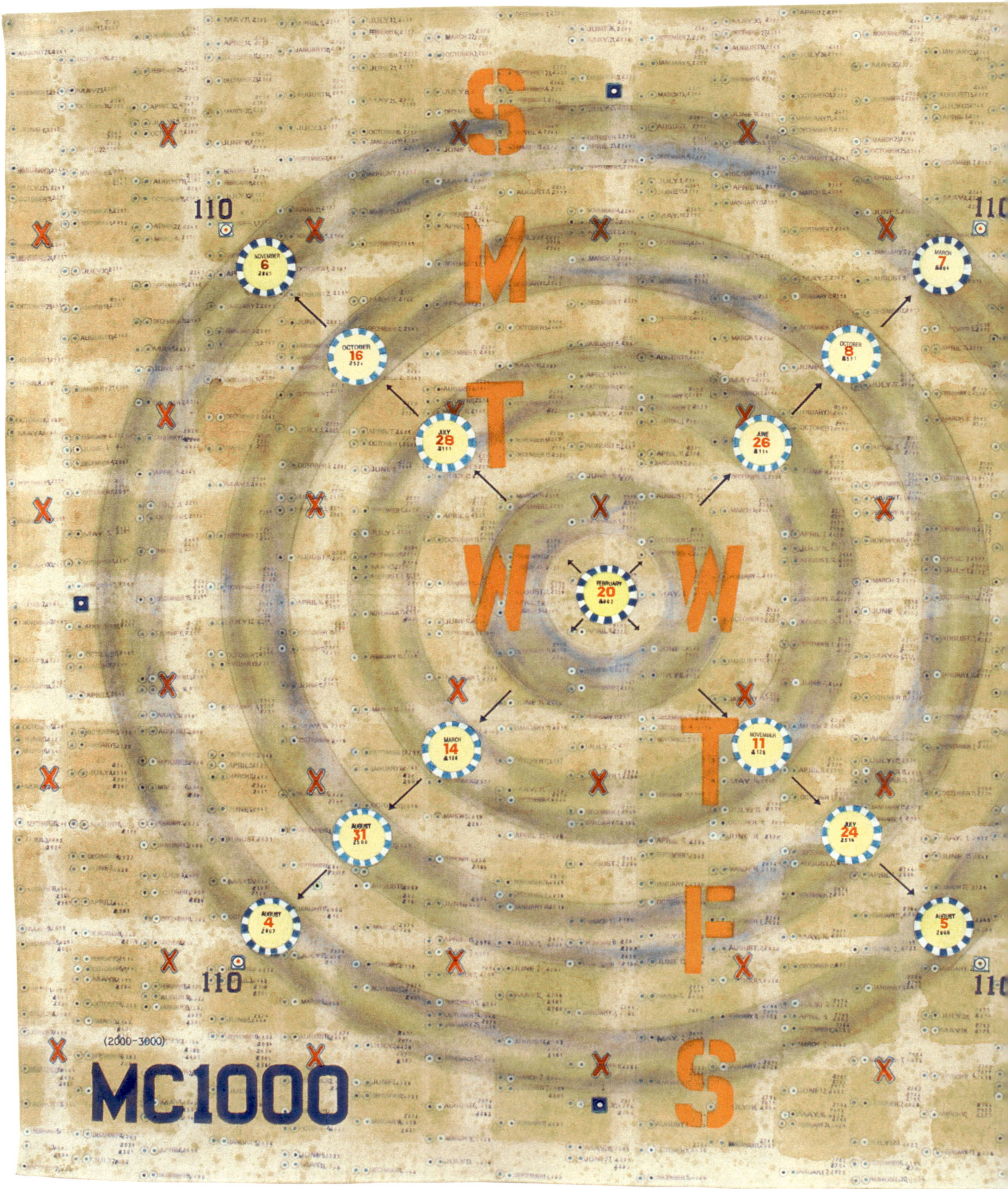

S
M
T
W
W
T
F
S
110
110
110
110
NOVEMBER 6
OCTOBER 16
JULY 28
FEBRUARY 20
JUNE 26
OCTOBER 8
MARCH 7
MARCH 14
AUGUST 31
AUGUST 4
NOVEMBER 11
JULY 24
AUGUST 5
(2000-3000)
MC1000

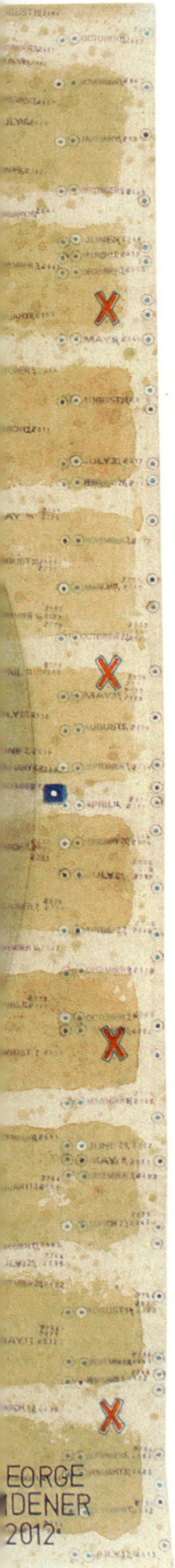

Magic Circle, 2012
Mischtechnik auf Leinwand / mixed media on canvas, 152 × 152 cm
Courtesy Galerie Susanne Zander, Köln / Cologne

Robot Puzzle, 2011
Mischtechnik auf Papier / mixed media on paper, 152,5 × 121 cm
Privatsammlung / private collection, Berlin (Foto / photo: Bernhard Schaub)

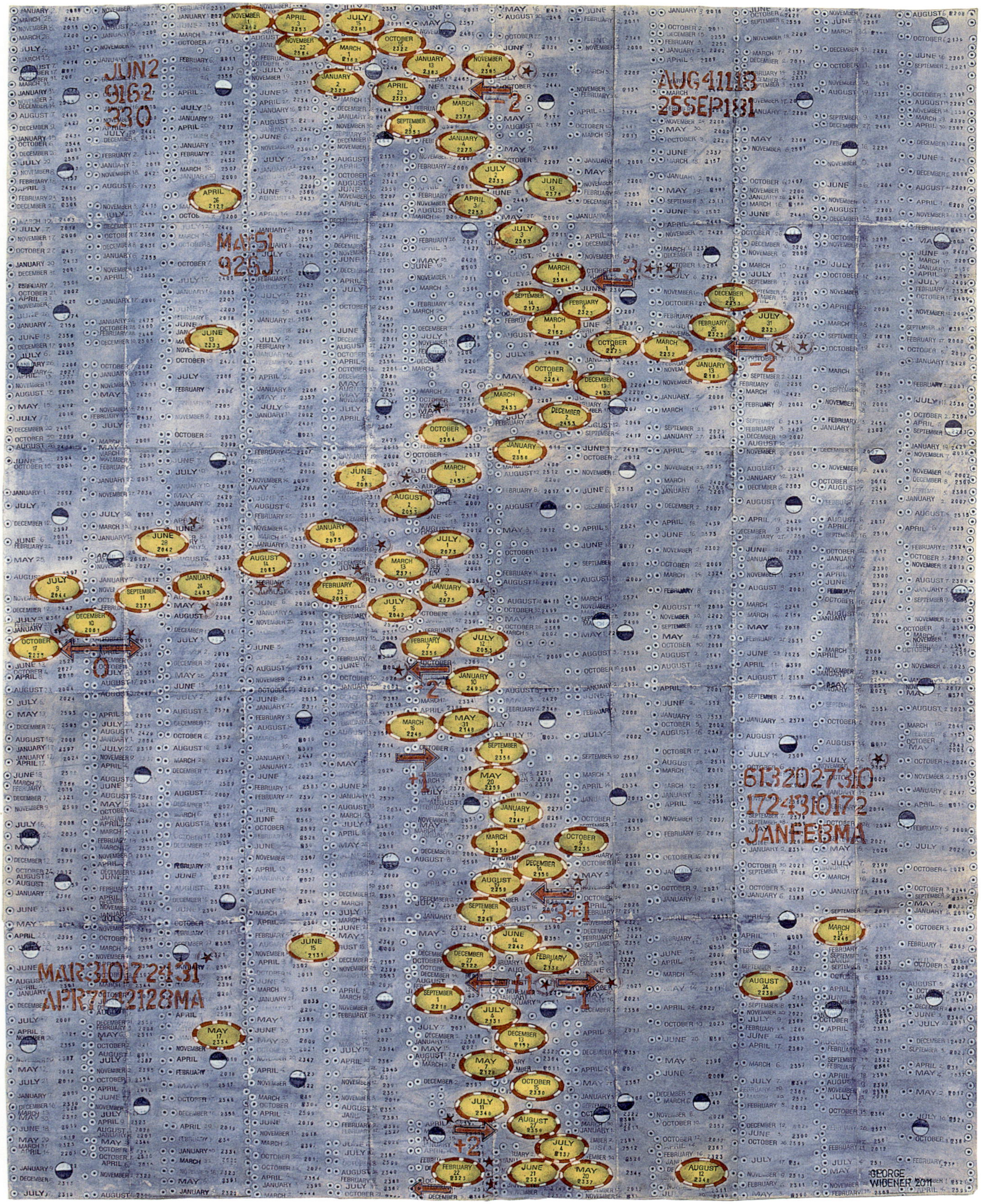
JUN2
9162
330
AUG41118
25SEP181
MA51
926J
MAR3107 24131
APR7112128MA
JANFEBMA
GEORGE
WIDENER 2011

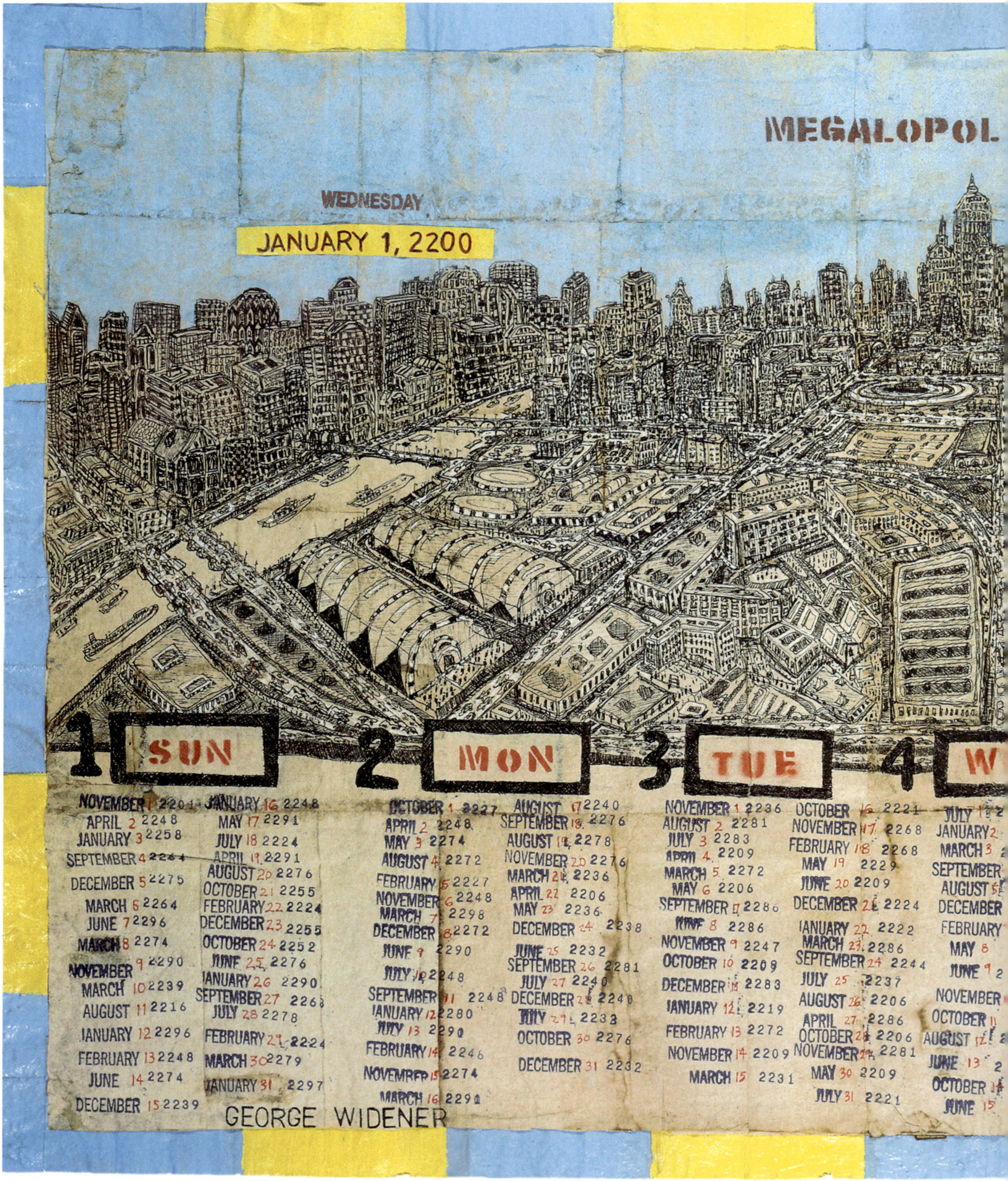
MEGALOPOL
WEDNESDAY
JANUARY 1, 2200
1 SUN
2 MON
3 TUE
4 W
NOVEMBER 1 2204
APRIL 2 2248
JANUARY 3 2258
DECEMBER 5 2275
MARCH 6 2264
JUNE 7 2296
MARCH 8 2274
NOVEMBER 9 2290
MARCH 10 2239
AUGUST 11 2216
JANUARY 12 2296
FEBRUARY 13 2248
JUNE 14 2274
DECEMBER 15 2239
JANUARY 16 2248
MAY 17 2291
JULY 18 2224
AUGUST 20 2276
OCTOBER 21 2255
FEBRUARY 22 2224
DECEMBER 23 2255
OCTOBER 24 2252
JANUARY 26 2290
JULY 28 2278
MARCH 30 2279
JANUARY 31 2297
OCTOBER 1 2227
AUGUST 17 2240
APRIL 2 2248
MAY 3 2274
AUGUST 4 2272
FEBRUARY 5 2227
NOVEMBER 6 2248
DECEMBER 8 2272
JUNE 9 2290
APRIL 22 2206
DECEMBER 24 2238
JUNE 25 2232
SEPTEMBER 26 2281
JULY 27 2240
OCTOBER 30 2276
DECEMBER 31 2232
NOVEMBER 1 2236
AUGUST 2 2281
JULY 3 2283
MARCH 5 2272
MAY 6 2206
NOVEMBER 9 2247
OCTOBER 10 2209
DECEMBER 11 2283
FEBRUARY 13 2272
NOVEMBER 14 2209
MARCH 15 2231
OCTOBER 16 2221
NOVEMBER 17 2268
FEBRUARY 18 2268
MAY 19 2229
JUNE 20 2209
DECEMBER 21 2224
JANUARY 22 2222
SEPTEMBER 24 2244
JULY 25 2237
AUGUST 26 2206
APRIL 27 2286
MAY 30 2209
JULY 31 2221
GEORGE WIDENER

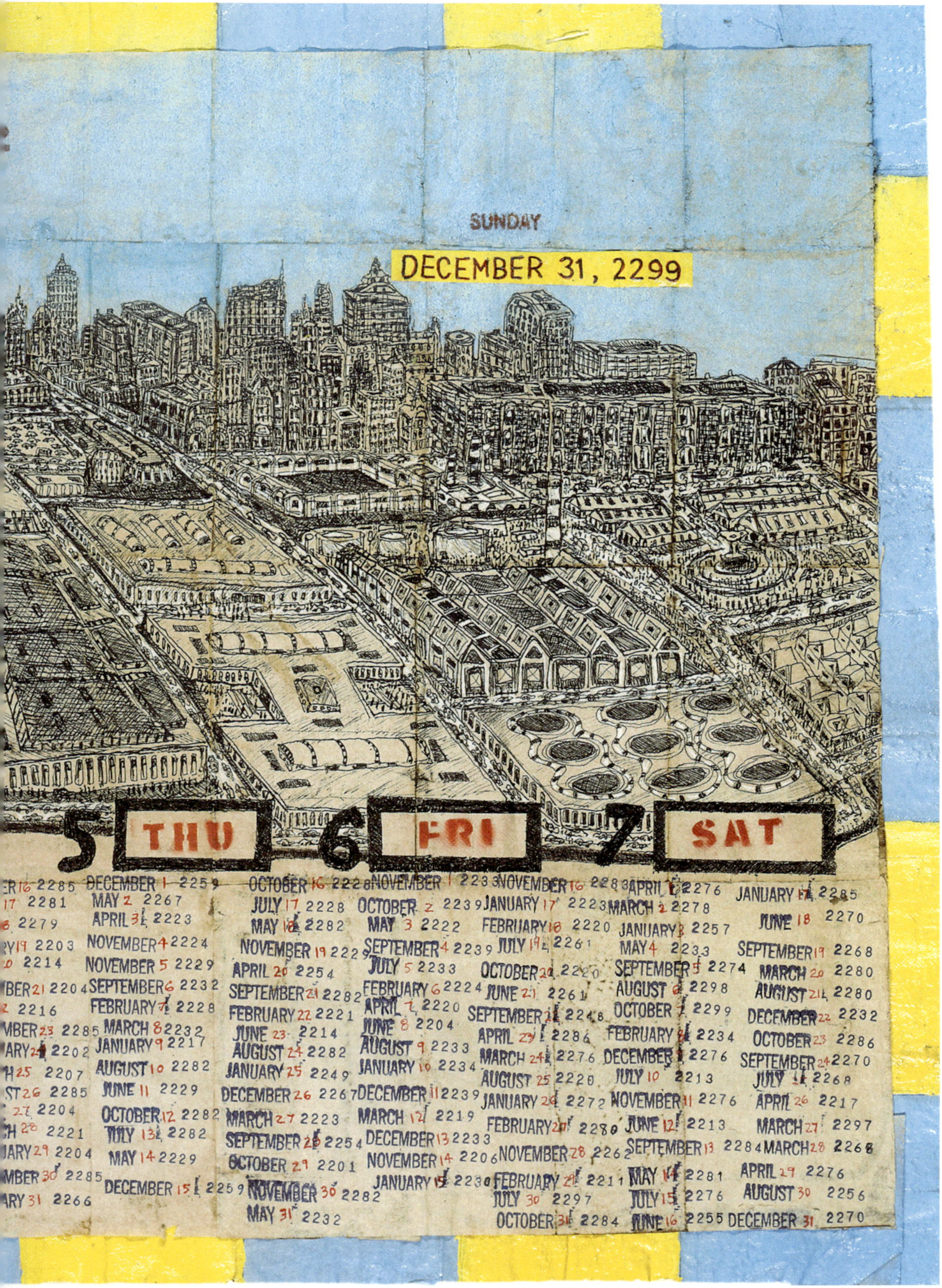
SUNDAY
DECEMBER 31, 2299
5 THU
6 FRI
7 SAT

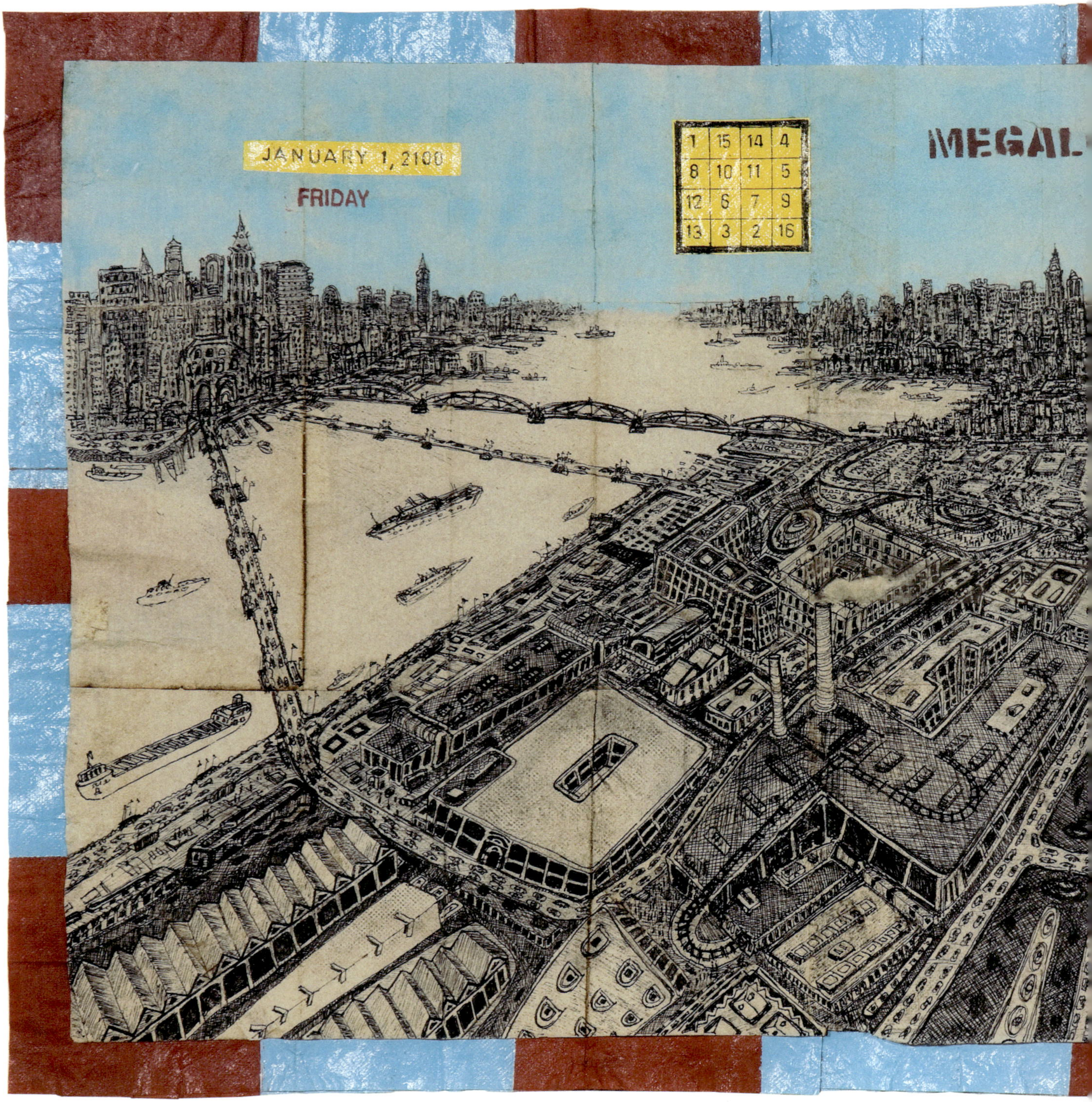

(S./p. 78–79)
Megalopolis, undatiert / undated
Mischtechnik auf Papier / mixed media on paper, 60,5 × 98 cm
Courtesy Collection abcd, Paris

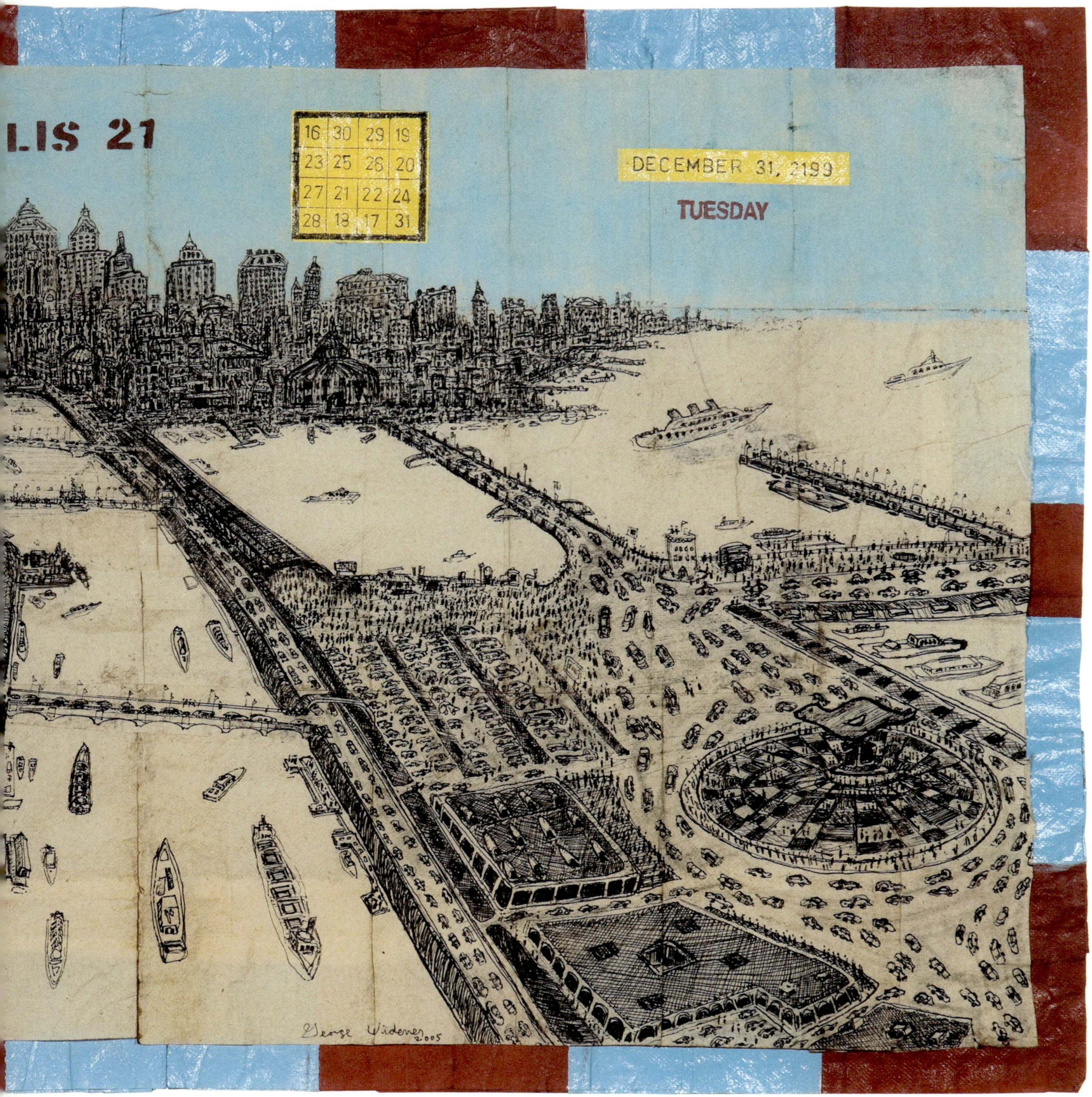

Megalopolis 21, 2005
Tinte und Plakatfarbe auf Papier / ink and poster paint on paper, 35,6 × 68,6 cm
Courtesy Henry Boxer Gallery, London

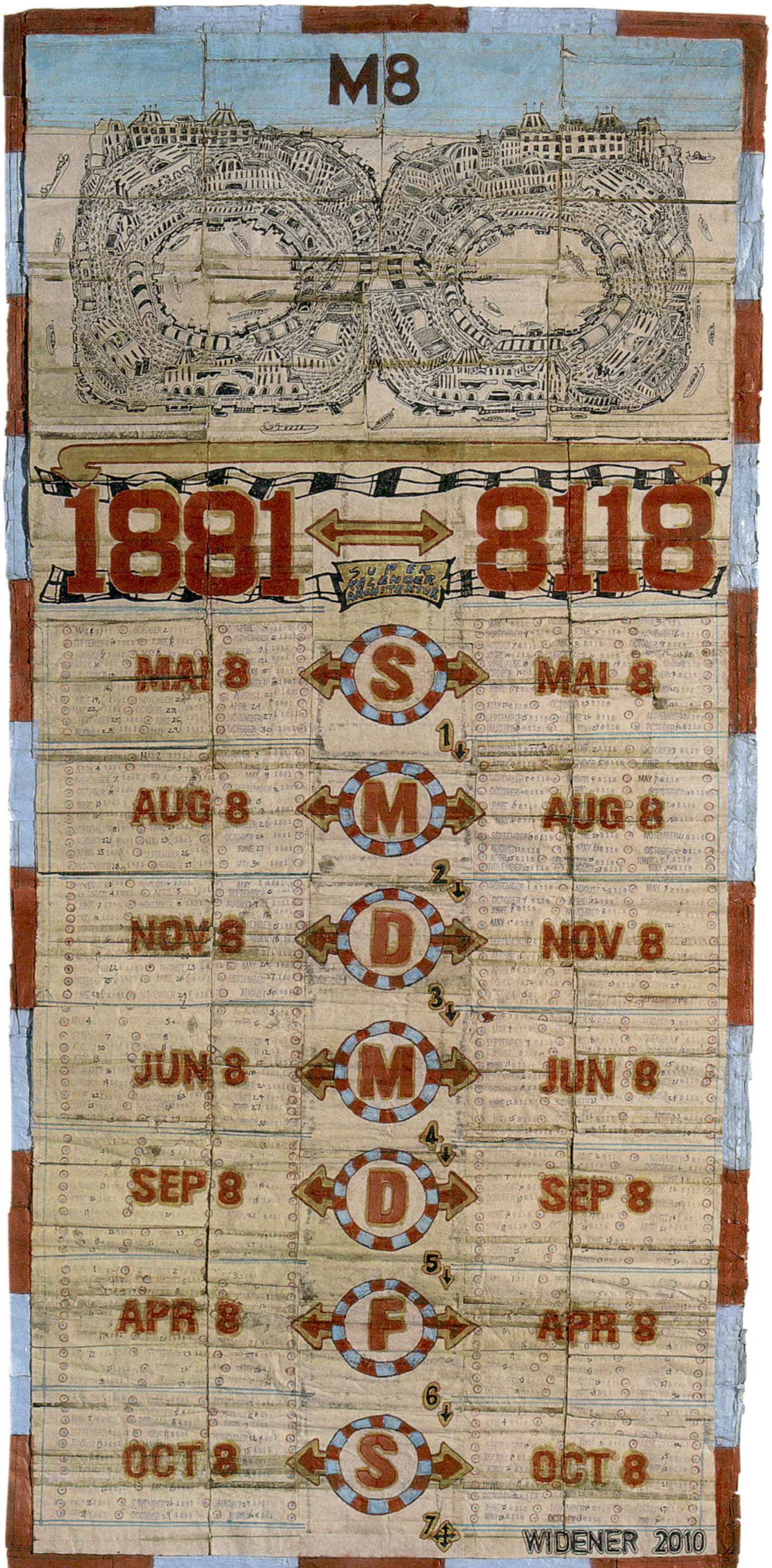
M8
1881
8118
SUPER KALENDER ARCHITEKTUR
MAI 8
S
MAI 8
AUG 8
M
AUG 8
NOV 8
D
NOV 8
JUN 8
M
JUN 8
SEP 8
D
SEP 8
APR 8
F
APR 8
OCT 8
S
OCT 8
WIDENER 2010

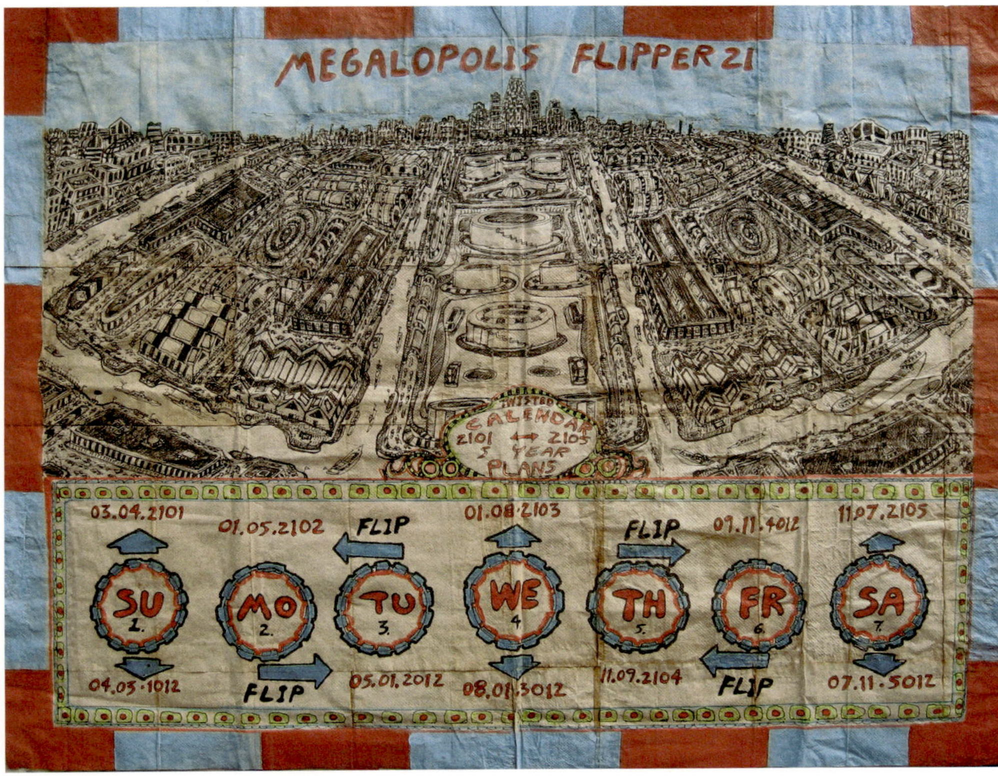

(S./p. 82) **Megalopolis 8**, 2010
Mischtechnik auf Papier / mixed media on paper
154,5 × 75 cm, Courtesy Galerie Michael Haas, Berlin
(Foto / photo: Bernhard Schaub)

Megalopolis Flipper 21, 2004
Mischtechnik auf Papier / mixed media on paper,
48 × 61,5 cm, Courtesy The Homeless Collection Treger /
Saint Silvestre, Portugal

Megalopolis 789, 2011
Mischtechnik auf Papier / mixed media on paper, 140,3 × 161,9 cm
Collection of François Meyer (Image courtesy of Ricco / Maresca Gallery, New York)

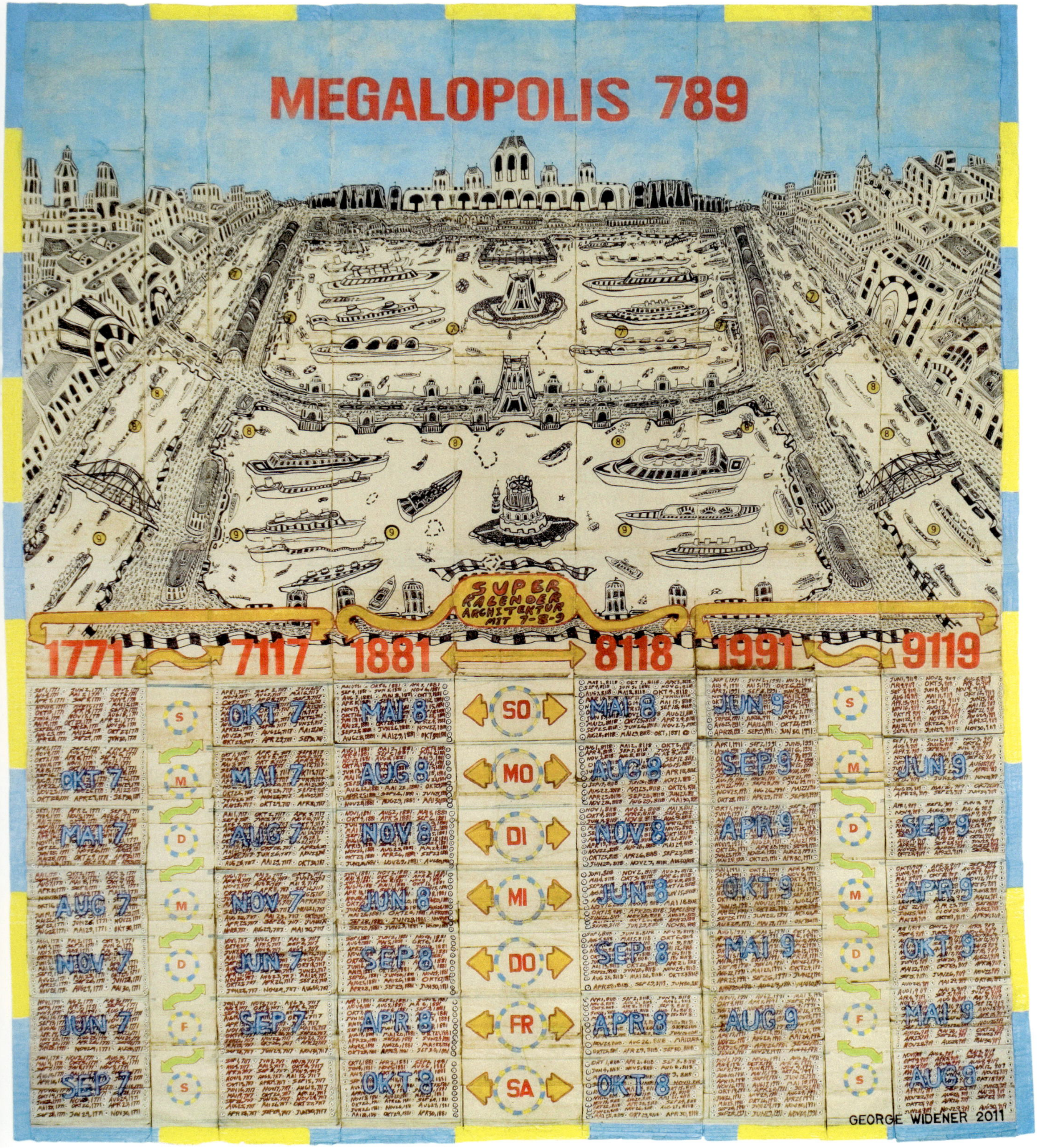
MEGALOPOLIS 789
SUPER KALENDER ARCHITEKTUR MIT 7-8-9
1771
7117
1881
8118
1991
9119
OKT 7
MAI 7
AUG 7
NOV 7
JUN 7
SEP 7
MAI 8
AUG 8
NOV 8
JUN 8
SEP 8
APR 8
OKT 8
SO
MO
DI
MI
DO
FR
SA
JUN 9
SEP 9
APR 9
OKT 9
MAI 9
AUG 9
GEORGE WIDENER 2011

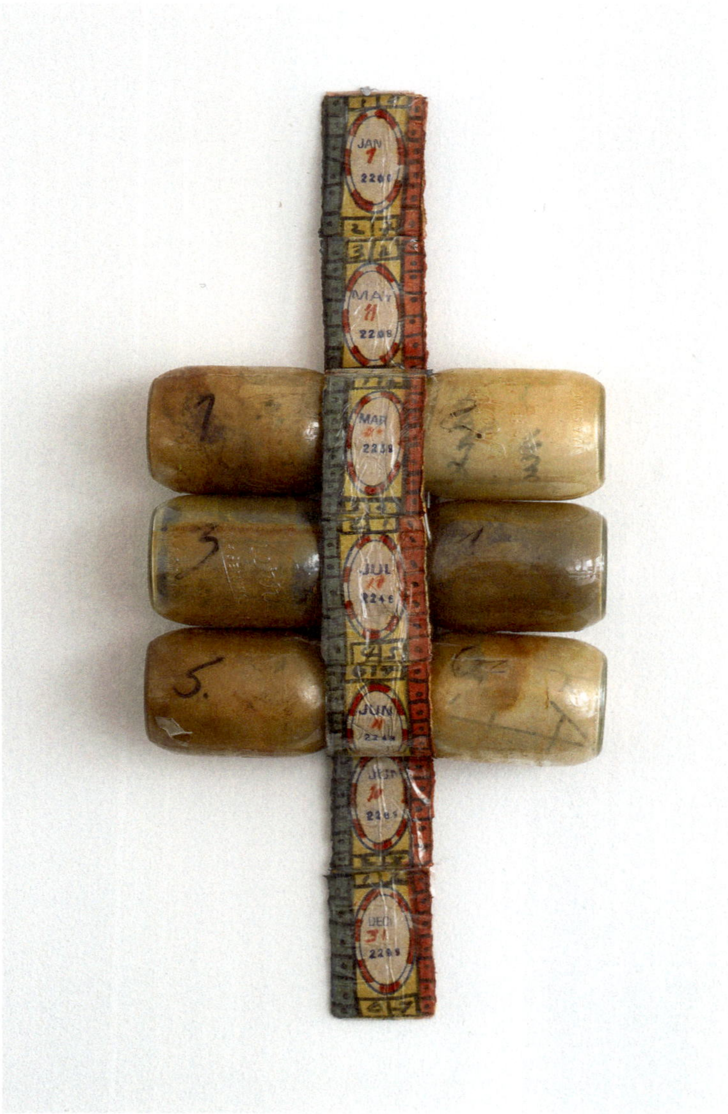

Message in a Bottle, 2011
Mischtechnik / mixed media, 57 × 26 × 24 cm
Courtesy Galerie Susanne Zander, Köln / Cologne

(S./p. 87) **Time Machine**, 2010
Mischtechnik auf Papier / mixed media on paper, 184 × 139 cm
Privatsammlung, Berlin / Private Collection, Berlin
(Foto / photo: Bernhard Schaub)

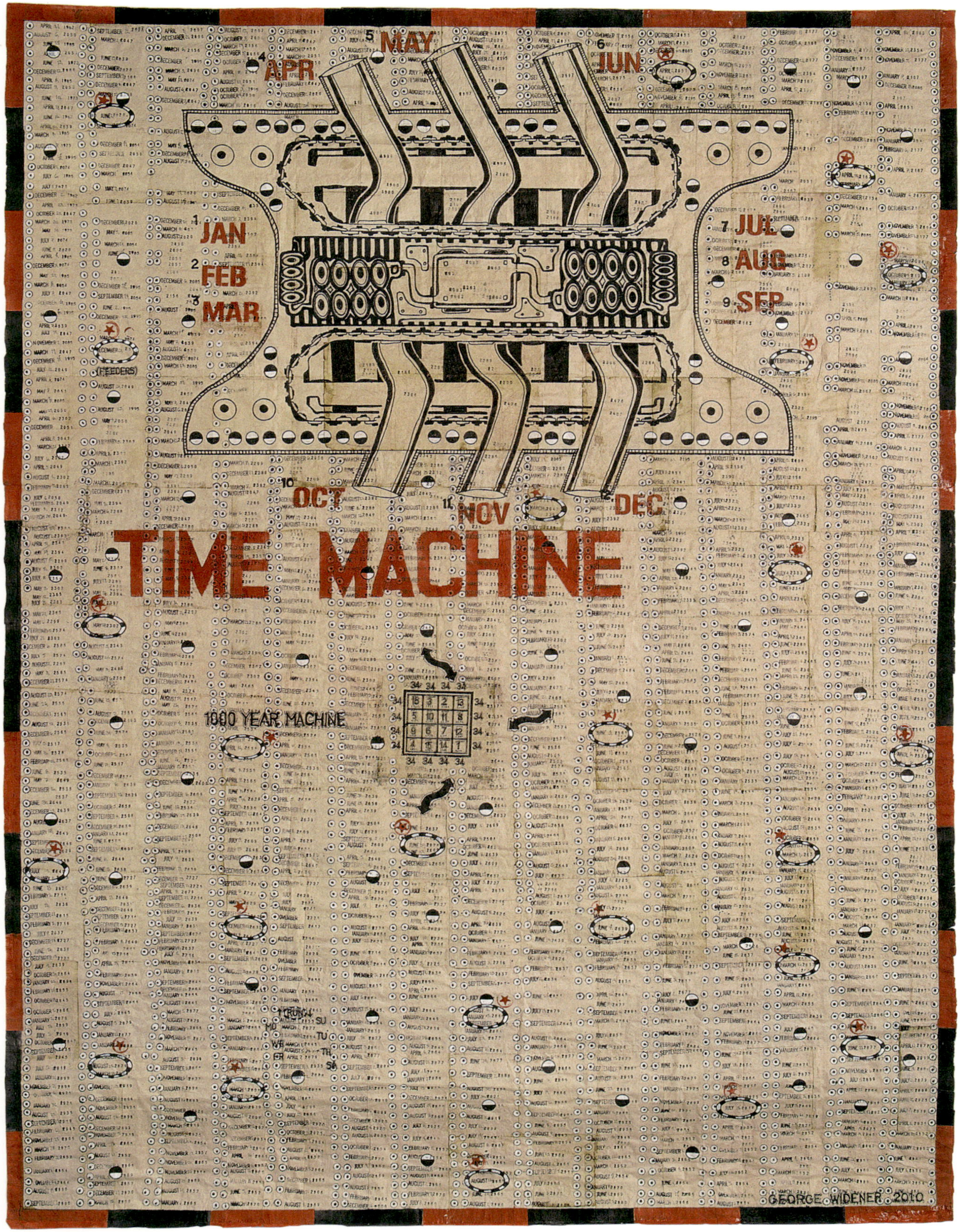

APR
MAY
JUN
JAN
FEB
MAR
JUL
AUG
SEP
OCT
NOV
DEC
TIME MACHINE
1000 YEAR MACHINE
GEORGE WIDENER 2010

Biografie / Biography

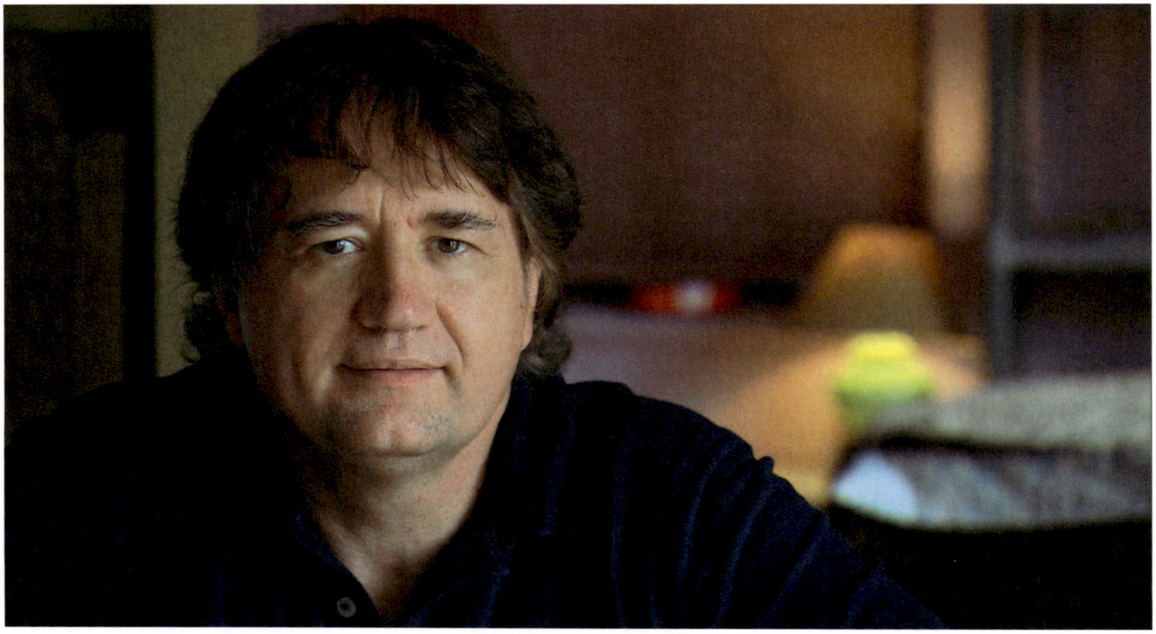

George Widener wird am 8. Februar 1962 in Covington, Kentucky, geboren. Im Alter von neun Jahren verliert er seinen Vater, zwei Jahre später wird er aufgrund des Alkoholismus seiner Mutter, zusammen mit seinen vier Geschwistern, in die Obhut der Großmutter gegeben. Schon früh, mit sechs Jahren, entdeckt er eine Vorliebe für Zahlen und Kalender, die auf ihn beruhigend wirken. George Widener leidet unter dem Asperger-Syndrom, einer bestimmten Form von Autismus, die oftmals mit Inselbegabungen verbunden ist, aber Beeinträchtigungen in sozialer und kommunikativer Hinsicht mit sich bringt. Diese Diagnose wird aber erst später in seinem Leben gestellt, zunächst fällt er nur durch Andersartigkeit auf.

Neben seiner Vorliebe für Zahlen, hat er ein außergewöhnliches Talent zu zeichnen. Mühelos kann er verschiedene Stile kopieren und in kürzester Zeit detailgetreue Bilder malen. Nach erfolgreichem Abschluss der High School geht er zur US Army. 1980 tritt er seinen Dienst bei der Air Force an und wird der 26. Aufklärungsgruppe des Tactical Command in Zweibrücken, Deutschland, zugeteilt. George Widener wird als Kameratechniker bei der Luftaufklärung eingesetzt und wertet Bilddaten von geheimen Spionageaufnahmen aus. In seiner Freizeit zeichnet er und studiert Kalender, Statistiken und historische Daten. 1984 wird er ehrenhaft aus dem Militärdienst entlassen. Er kehrt zurück in die USA und beginnt in Texas ein Ingenieurstudium, das er aber aufgrund von finanziellen und psychischen Problemen abbricht. Er rutscht in die Obdachlosigkeit ab, geht Gelegenheitsjobs nach, wird in die Psychiatrie eingewiesen. Im Rahmen eines Bildungsprogramms für Lernbehinderte studiert er Kunst an der Tennesse University in Knoxville, George Widener reist nach Europa und schlägt sich in der Hausbesetzerszene in Amsterdam durch. Die ganze Zeit über zeichnet er und fertigt Listen von Daten, Zahlen und Codes. Im Jahr 2000 kehrt er in die USA zurück. Hier wird bei medizinischen Untersuchungen entdeckt, dass er das Asperger Syndrom hat und darüber hinaus ein Savant, ein Mensch mit einer außergewöhnlichen Inselbegabung, ist. In unzähligen Tests und Computertomografien wird die Funktion seines Gehirns untersucht und festgestellt, dass bei ihm besondere Verknüpfungen von Hirnarrealen vorliegen, die ihm Zugang zu anderen Wahrnehmungswelten ermöglichen. Widener visualisiert automatisch bestimmte Verknüpfungen von Zahlen, Daten und Ereignissen vor seinem inneren Auge. Ebenfalls im Jahr 2000 beschließt er diese Flut von Informationen künstlerisch zu transformieren.

Er beginnt auf alten Papierservietten und gefundenen Leinwänden, die er mit Tee und Kaffee bearbeitet, damit sie eine bestimmte Patina bekommen, seine Zahlengebilde und architektonischen Entwürfe von Städten der Zukunft zu entwickeln. Dabei stützt er sich zum einen auf seinen reichen Wissensschatz der jahrzehntelangen Datenrecherchen, zum anderen beginnt er historische Kalender, alte Landkarten und antike Bücher mit mathematischen Berechnungen sowie Berichte über Codes und Dechiffriermaschinen zu sammeln. Er setzt sich intensiv mit den Theorien Ray Kurzweils, einem der führenden Forscher zum Thema künstliche Intelligenz, auseinander und ist wie dieser davon überzeugt, dass im Jahr 2045 das Zeitalter der technologischen Singularität beginnt. Das bedeutet, dass ab dem Zeitpunkt Computer eine so hohe Intelligenz haben, dass sie den Menschen übertreffen und sich neue Formen an der Schnittstelle Mensch/Maschine entwickeln werden. George Widener betreibt Recherchen zu allem, was mit Zeitphänomenen, künftigen Entwicklungen und historischen Ereignissen zu tun hat und fasst sie in magischen Zahlenquadraten, magischen Kreisen oder geheimen Zahlencodes zusammen. Er entwickelt darüber hinaus ein besonderes Interesse für Katastrophen wie Flugzeugabstürze oder Schiffsunglücke und stellt eigene Berechnungen zu einer Katastrophentheorie an. Er kombiniert in seinen Zahlenanalysen Vergangenheit und Zukunft und bewegt sich wie ein Zeitreisender gedanklich durch Raum und Zeit.

Um das Jahr 2000 werden seine Werke vom Kunstmarkt entdeckt und George Widener hat erste Ausstellungen in den USA, bald auch in Europa. Heute lebt er in Asheville, North Carolina. Die Ausstellung in der Nationalgalerie im Hamburger Bahnhof – Museum für Gegenwart – ist die erste Einzelausstellung George Wideners in einem europäischen Museum.

George Widener was born on February 8, 1962, in Covington, Kentucky. At the age of nine, his father died and two years later – as a result of their mother's inebriety, he and his four siblings were placed in the care of their grandmother. At the early age of six, he discovered that he had a passion for numbers and calendars the immersion in which had a calming effect on him. George Widener suffers from Asperger syndrome, a form of autism in which insular ingenuity is often contrasted with significant social and communication difficulties. This diagnosis was established only later in his life; in the beginning he stood out through being different.

Aside from his interest in numbers, Widener has exceptional drawing ability and is able, seemingly without effort, to copy various styles and to paint detailed pictures in a short space of time. After graduating successfully from high school, he joined the US Army. In 1980, he began his military service in the Air Force as a member of the 26th Reconnaissance Squadron of the Tactical Command in Zweibrücken, Germany, there Widener served as a camera technician in operational air reconnaissance which involved the evaluation of visual data in secret espionage photographs. In his free time, he drew and studied calendars, statistics, and historical data. In 1984, he was discharged from military service with honor. He returned to the United States and began engineering studies in Texas, which he terminated because of financial and psychological problems. He became homeless, performed odd jobs, and was eventually committed into psychiatric care. Within the framework of a learning program for the educationally handicapped he studied liberal arts at the University of Tennessee, Knoxville. Later Widener traveled to Europe surviving in the squatter scene in Amsterdam. During this time, he drew and made lists of data, numbers, and codes. In 2000, he returned to the United States where he received the diagnosis of Asperger syndrome and the quality of his extraordinary insular ingenuity as a savant was recognized. Numerous tests and computer-processed tomography of his brain have shown a special connectivity between brain areas that allow him to access other worlds of perception. Widener is able to mentally visualize the complex relationships between numbers, dates, and events and in 2000, in deciding to transform this flood of information artistically, he began to represent his number combinations and architectural designs of future cities on old paper napkins and found canvases which he aged artificially with tea and coffee to achieve a certain patina. In doing this, he relied upon his deep knowledge accrued from decades of data research. At this time, he also began to collect historical calendars, old maps, and old books containing mathematical computations and codes as well as decoding machines. Widener has studied intensively the theories of Ray Kurzweil, one of the leading scientists in the field of artificial intelligence, and like Kurzweil, he is convinced that an era of technological singularity will begin in 2045. By this it is meant that from that time, computer intelligence will have surpassed that of man and new life forms will develop from the interface of man and machine.

George Widener conducts research on everything concerning the phenomenon of time, future developments, and historical events, condensing these data in magic squares, magic circles, and secret number codes. Furthermore, he has developed a special interest in catastrophic events such as airplane crashes and naval accidents and has prepared calculations to predict the probability of such events. In his number analyses, he combines the past and the future and moves in his mind like a time traveler through space and time.

Around 2000, Widener's works were discovered by the art market and he had his first exhibitions in the United States. The exhibition at the National Gallery at Hamburger Bahnhof – Museum für Gegenwart, will be his first solo exhibition in a European museum. Today George Widener lives in Asheville, North Carolina.

Ausstellungen (Auswahl) / **Exhibitions** (Selection)

2001 *Private world: outsider and visionary art*, Orleans House Gallery, Twickenham, UK

2004–2012 *Outsider Art Fair*, Henry Boxer Gallery, New York

2006 *Inner Landscapes*, Plymouth Art Center, Plymouth, UK

2007 *10 kunstnaars-singuliere kunst*, Galerie Hamer, Amsterdam

Exhibition 1, The Museum of Everything, London

Weltenwandler. Die Kunst der Outsider. Schirn Kunsthalle, Frankfurt/Main, Ricco Maresca Gallery, New York

Galerie Susanne Zander, Köln/Cologne

Hiding Places. Memory in the Arts. John Michael Kohler Arts Center, Sheboygan, Wisconsin, USA

The Keno Twins 4, Villa Merkel & Bahnwärterhaus, Esslingen, DE

Weather. Group Show, Ricco Maresca Gallery, New York

2013 *secret universe. George Widener*, Nationalgalerie im Hamburger Bahnhof, Museum für Gegenwart, Berlin

The Alternative Guide to the Universe. Hayward Gallery, London

Skizzenbuch / sketchbook

(S. / pp. 93–104)
George Widener
Ohne Titel / Untitled, undatiert / undated
Notizheft / notebook, 25 × 20 × 1,5 cm
Courtesy George Widener

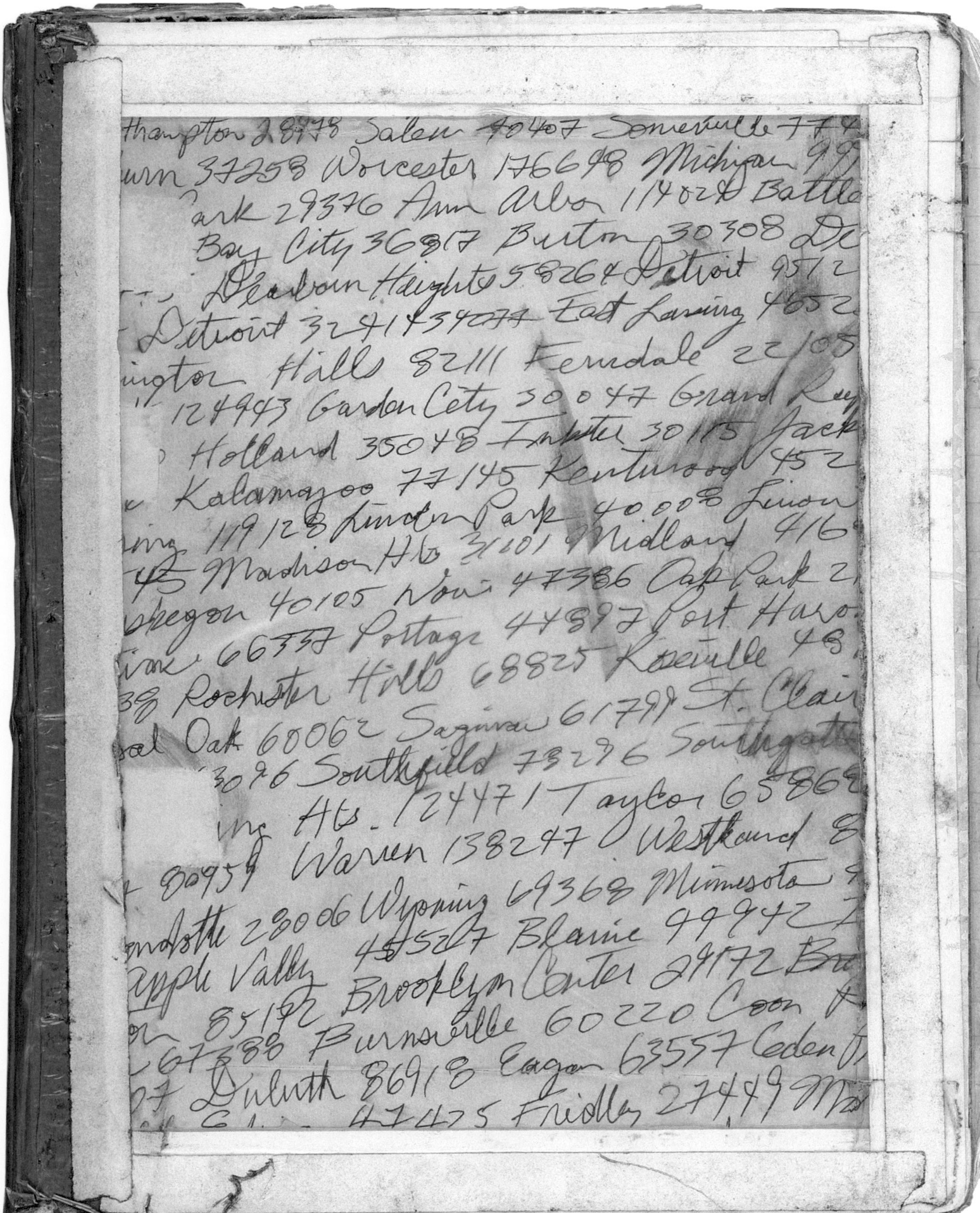

Salem 40407 Somerville
37258 Worcester 176698 Michigan
29376 Ann Arbor 114024 Battle
Bay City 36817 Burton 30308
Dearborn Heights 58264 Detroit
Detroit East Lansing
Hills 82111 Ferndale
124943 Garden City 30047 Grand
Holland 35048 Inkster 30115
Kalamazoo 77145 Kentwood
119128 Lincoln Park 40008
Madison Hts 31101 Midland
40105 Novi 47386 Oak Park
66357 Portage 44897 Port Huron
Rochester Hills 68825 Roseville
Oak 60062 Saginaw 61799 St. Clair
Southfield 73296
Hts. 124471 Taylor
80959 Warren 138247 Westland
28006 Wyoming 69368 Minnesota
45527 Blaine 49942
Apple Valley Brooklyn Center 29172
85172 Burnsville 60220 Coon
67388 Eagan 63557
Duluth 86918 Fridley 27449

(VA)

MANASSAS	35 135
NEWPORT NEWS	180 15
NORFOLK	234 403
PETERSBURG	33 740
PORTSMOUTH	100 565
RICHMOND	197 790
ROANOKE	94 911
SUFFOLK	63 67
VIRGIMA BEACH	425 25

(WASHINGTON) (NOV 10, 1889) (5 987 973)

BELLEVUE	109 569
BELLINGHAM	67 171
BREMERTON	37 259
EDMOND	39 515
EVERETT	91 488
KENNEWICK	54 693
KENT	79 524
KIRKLAND	45 054
LONGVIEW	34 660

(WA)

LYNWOOD ✪	33847
OLYMPIA	42514
REDMOND	45256
RENTON	50052
RICHLAND	38708
SEATTLE	563374
SPOKANE	195629
TACOMA	193556
VANCOUVER	143560
WALLA WALLA	29686
YAKIMA	71845

(WEST VIRGINIA) (JUN 20, 1863) (1801916)

CHARLESTON ✪	53421
HUNTINGTON	51475
MORGANTOWN	26809
PARKERSBURG	33099
WHEELING ✪	31419

(WISCONSIN) (MAY 29, 1848) (5401906)

APPLETON	70087

(WI)

BELOIT	35 775
BROOKFIELD	38 649
EAU CLAIRE	61 704
FON DU LAC	42 203
GREEN BAY	102 313
GREENFIELD	35 476
JANESVILLE	59 498
KENOSHA	90 532
LA CROSSE	51 818
MADISON	208 054
MANITOWOC	34 053
MENOMONEE FALLS	32 647
MILWAUKEE	596 974
NEW BERLIN	38 220
OSAKOSA	62 916
RACINE	81 855
SHEBOYGAN	50 792
SUPERIOR	27 368
WAUKESHA	64 825
WASAU	38 426
WAUWATOSA	47 27

(WI)
WEST ALLIS 6254

(WYOMING) (JUL 10, 1890) (494 423)

CASPER 49 644
CHEYENNE 53 011
LARAMIE 27 204

TITANIC 31 23 26

60K TON STEEL
882' 8" LONG · 92.5' BEAM · 175' TOP TO BOTTOM
9 DECK, 2 STOREY BOILER
2 4 CYL RECIP. ENGINES 30K HP, 77 RPM · 1 PARSONS TURBINE 16K, 165 RPM
3 PROPS 22 TON 1X38 TON (23.5', 17.5')
29 BOILERS 159 FURNACES · 16 COMPARTMENTS
20 LIFEBOATS 1178 · 3560 LIFEVESTS · 14000 GAL WATER · 650 GAL COAL
23 KNOTS MAX
75K Fresh Meat · 11K FISH · 4K DRIED FISH · 7.5K BACON/HAM · 25K POULTRY
523 DEAD, 306 FLOATERS · 40K EGGS · 2.5K SAUSAGE, PEAS · 3.5K ONIONS, TOMATOES
800 ASPARAGUS · 7000 LETTUCE · 1000 SWEETBREAD · 1750 ICE CREAM
2200 COFFEE · 800 TEA · 10,000 CEREAL, BEANS, SUGAR · 36000 APPLES, ORANGES
13000 GRAPEFRUIT · 16000 LEMONS · 1120 JAMS · 1500 MILK · 1200 QTS CREAM · 600
CONDENSED MILK · 6000 BUTTER · 15000 ALES & STOUT · 850 SPIRITS · 1200
MINERALS · 8000 CIGARS

	1	2	3	4	5	6
	~~JAN~~	~~FEB~~	~~MAR~~	~~APR~~	~~MAY~~	~~JUN~~
1	1863	1893	1961	1896	1863	1914
2	1890	1870	1927	1896	1946	1953
3	1882	1924	1847	1882	1919	1871
4	1643	1926	1886	1841	1932	1886
5	1995	1716	1770	1614	1821	1876
6	1878	1964	1475	1930	1856	1933
7	1924	1926	1876	1770	1833	1769
8	1815	1587	1894	1513	1958	1786
9	1787	1773	1822	1865	1502	1965
10	1916	1998	1876	1849	1871	1931
11	1878	1808	1888	1947	1904	1939
12	1910	1870	1912	1916	1820	1923
13	1864	1635	1852	1964	1958	1789
14	1814	1894	1879	1865	1802	1940
15	1827	1564	1913	1912	1930	1752
16	1964	1959	1830	1912	1866	1923
17	1950	1817	1917	1944	1792	1928
18	1924	1930	1931	1934	1910	1812
19	1809	1473	1959	1924	1536	1936
20	1936	1872	1851	1934	1727	1837
21	1908	1878	1843	1956	1819	1870
22	1901	1879	1630	1793	1868	1918
23	1906	1962	1907	1564	1788	1683
24	1848	1946	1882	1133	1879	1940
25	1759	1820	1882	1964	1803/1990	1976
26	1784	1870	1874	1564	1886	1284
27	1832	1964	1964	1321	1937	1814
28	1932	1931	1797	1945	1929	1938
29	1845	1872	1848	1878	1952	1861
30	1933	X	1858	1789	1431/1593	185[illegible]
31	1961	X	1889	X	1907	X

	DAYS	[illegible]	SEC
(30)	26 298	37 869 120	2 272 147 200
(31)	25 933	37 343 520	2 240 611 200
(32)	25 568	36 817 920	2 209 075 200
(33)	25 203	36 292 320	2 177 539 200
(34)	24 837	35 765 280	2 145 916 800
(35)	24 472	35 239 680	2 114 380 800
(36)	24 107	34 714 080	2 082 844 800
(37)	23 742	34 188 480	2 051 308 800
(38)	23 376	33 661 440	2 019 686 400
(39)	23 11	33 135 840	1 988 150 400
(40)	22 45	32 608 800	1 956 528 000
(41)	22 280	32 083 200	1 924 992 000
(42)	2 15	31 557 600	1 893 456 000
(43)	2 550	31 032 000	1 861 920 000
(44)	2 184	30 504 960	1 830 297 600
(45)	2019	29 979 360	1 798 761 600
(46)	2054	29 453 760	1 767 225 600
(47)	2 089	28 928 160	1 735 689 600
(48)	19 3	28 401 120	1 704 067 200
(49)	19 8	27 875 520	1 672 531 200
(50)	1 0	27 349 920	1 640 995 200

DAYS	MIN	SEC
18628	26 824 320	1 609 459 200
18262	26 297 280	1 577 836 800
17897	25 771 680	1 546 300 800
17532	25 246 080	1 514 764 800
17167	24 720 480	1 483 228 800
16801	24 193 440	1 451 606 400
16456	23 667 840	1 420 070 400
16071	23 142 240	1 388 534 400
15706	22 616 640	1 356 998 400
15340	22 089 600	1 325 376 000
14975	21 564 000	1 293 840 000
14610	21 038 400	1 262 304 000
14245	20 512 800	1 230 768 000
13879	19 985 760	1 199 145 600
13514	19 460 160	1 167 609 600
3149	18 934 560	1 136 073 600
2784	18 408 960	1 104 537 600
2418	17 881 920	1 072 915 200
2053	17 356 320	1 041 379 200
1688	16 830 720	1 009 843 200
23	16 305 120	978 307 200

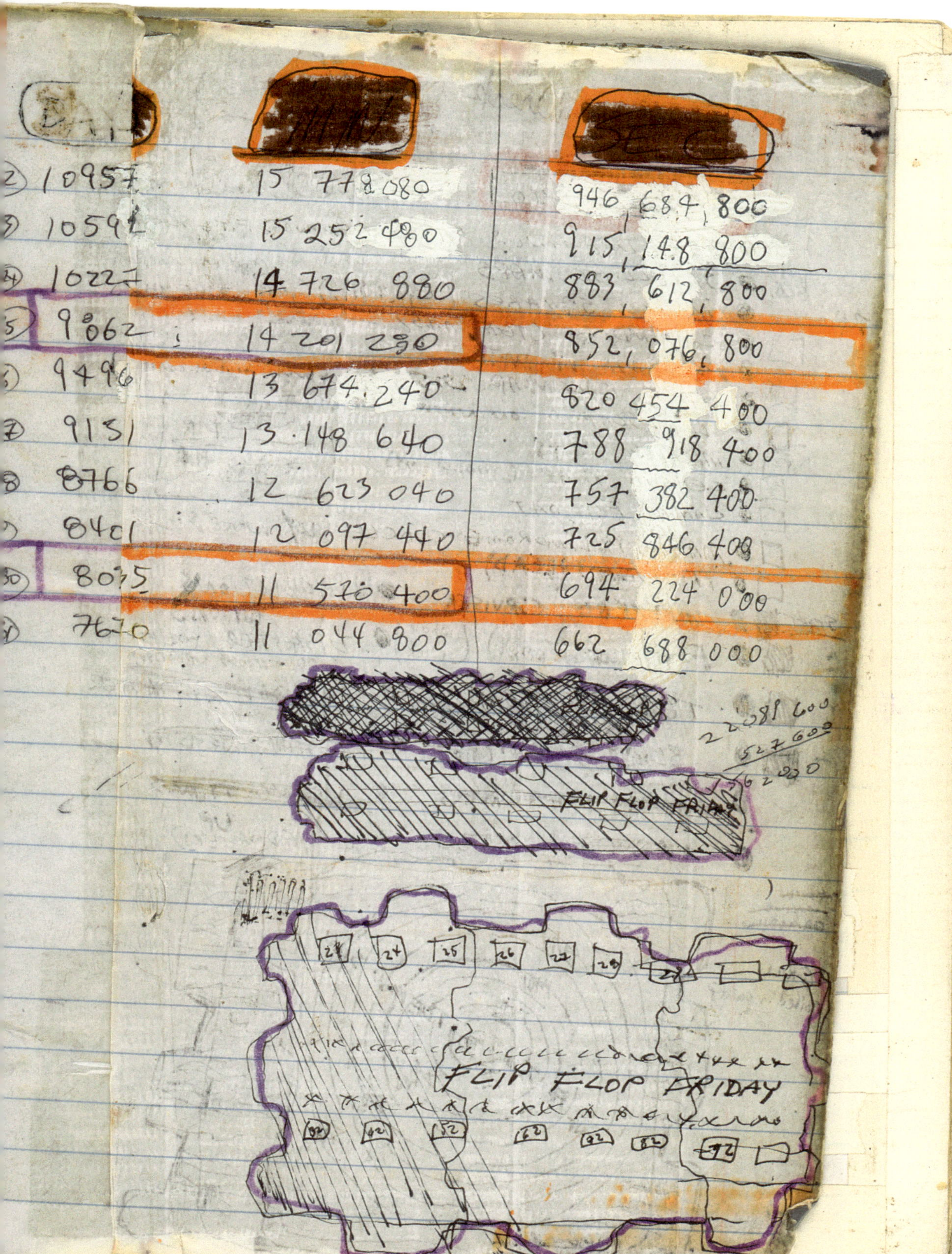

10957 15 778 080 946 684 800
10592 15 252 480 915 148 800
10227 14 726 880 883 612 800
9862 14 201 280 852 076 800
9496 13 674 240 820 454 400
9131 13 148 640 788 918 400
8766 12 623 040 757 382 400
8401 12 097 440 725 846 400
8035 11 570 400 694 224 000
7670 11 044 800 662 688 000
22 081 600
527 600
FLIP FLOP FRIDAY
FLIP FLOP FRIDAY

850
729-0344

N.Y. Chicago, L.A. Miami, Santa Fe,
St. Louis, K.C., Bangor,
Philly, Cleveland, Detroit, Tulsa,
San Francisco, Houston, Little Rock,
Wash. D.C., Boston, Phoenix,
New Orleans, Atlanta, Memphis,
San Antonio, San Diego, Balt.,
Pittsburgh, Nashville, Dallas,
Hartford, Milwaukee, Butte,
Seattle, Portland, Indy, El Paso,
Salt Lake City, Minneapolis,
Spokane, Buffalo, Cheyenne,
Denver, Tucson, Omaha, Boise,
Tampa/St. Pete, Reno, Anchorage
TRAIL ARTS FESTIVAL

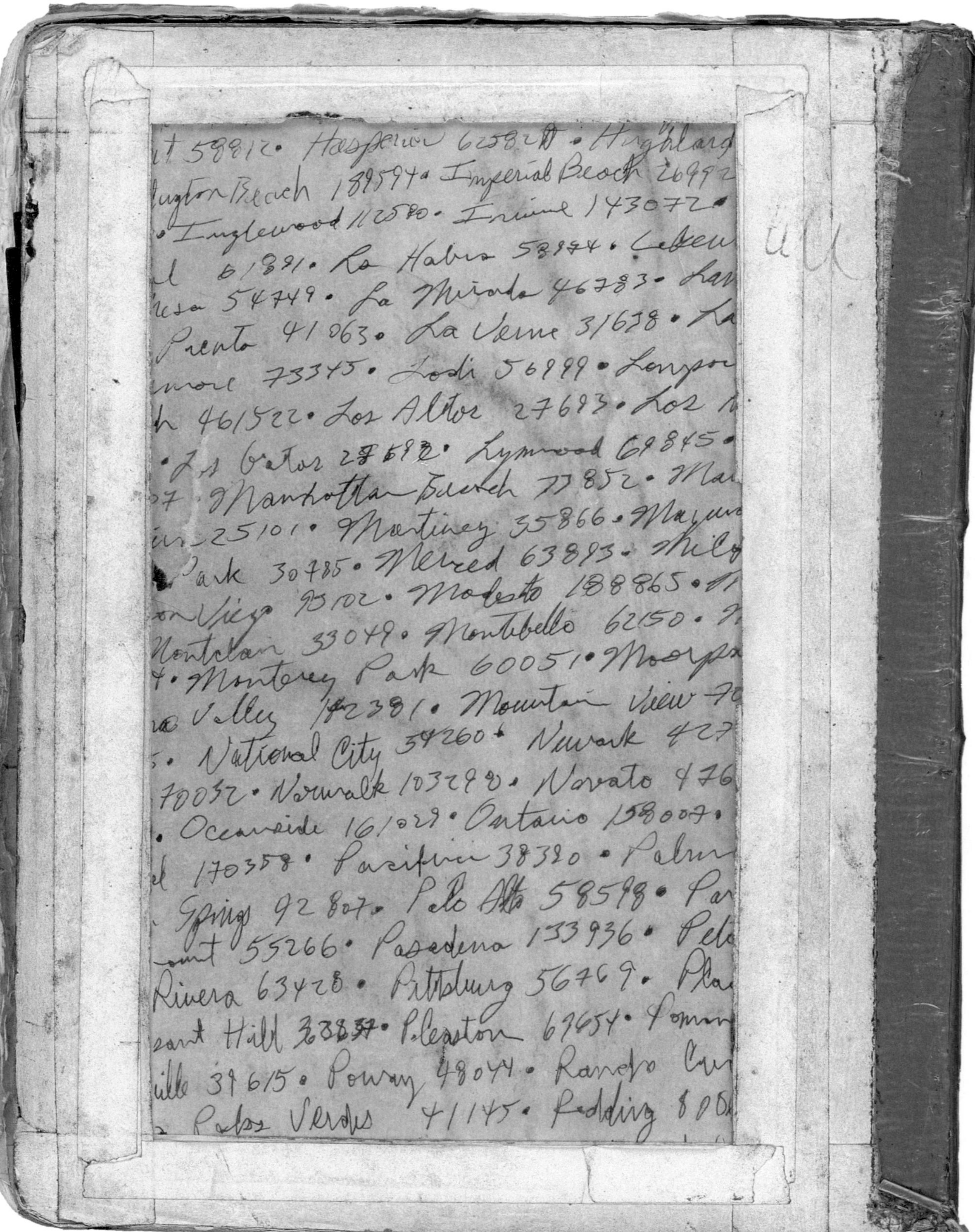
58812 • Hesperia 62582 • Highland
Beach 189594 • Imperial Beach 26992
Inglewood 112580 • Irvine 143072
61891 • La Habra 58974
54749 • La Mirada 46783
41063 • La Verne 31638
73345 • Lodi 56999
461522 • Los Altos 27693
28592 • Lynwood 69845
Manhattan Beach 33852
25101 • Martinez 35866
Park 30785 • Merced 63893
93102 • Modesto 188865
Montclair 33049 • Montebello 62150
Monterey Park 60051
Valley 142381 • Mountain View
National City 54260 • Newark
70032 • Norwalk 103298 • Novato
Oceanside 161029 • Ontario 158007
170358 • Pacifica 38390
92807 • Palo Alto 58598
55266 • Pasadena 133936
Rivera 63428 • Pittsburg 56769
Hill 33837 • Pleasanton 67654
34615 • Poway 48044
Palos Verdes 41145 • Redding